Living in the Heart

How to Enter into the Sacred Space within the Heart

從心覺醒

開啓心的聖域，邁向揚升

德隆瓦洛・默基瑟德——著
林知美——譯

【推薦序】

心的力量

歐林光愛關懷協會理事長　Lucia

德隆瓦洛以先驅之姿，在心靈和物質世界之間不斷探索。他是如此特別，他的生活充滿來自非常人管道的啓示，藉由夢境、通靈、靜心意象、奇遇……不斷展開他的學習和對世界的服務。看他的書，就像奇幻小說一般引人入勝，除非你親身經驗，否則你的頭腦準會告訴你，那不是眞的。然而我相信，它們不只是故事。

在翻譯《生命之花的靈性法則》一、二冊時，我便想在完成這兩本資訊量非凡的書之後，一定要參加現場的工作坊。現在最新的工作坊便是與本書原文同名的「Living in the Heart」。過去的生命之花工作坊，大抵只能在影片中欣賞了。

參加工作坊之前，我去造訪了瑟多納（天使之鄉），碰見一位令人感動的靈氣師父，他總是給出修剪成心形的石塊作爲禮物，送給他遇見的每一個人，提醒大家大地之母的愛，也把愛送到每一個石塊所及的地方。

課程的第一天晚上，大家聚在一起看德隆瓦洛的影片《新人類的誕生》。影片中詳細敘述高靈們調整地球光網的大計畫，就在他講到他們在最後一個調整點「穆莉亞島」的過程，說儀式完成時島上方出現奇妙的閃光，說時遲那時快，不折不扣同一個時間，屋頂上就開始隆隆作響，毫無徵兆的傾盆大雨潑灑而下，每一位同學都面面相覷，露出不可思議的目光。影片中，德隆瓦洛講故事的地方，就是我得到心形石塊的BOYNTON峽谷的能量點，而「穆莉亞島」的形狀，便恰巧是心形。

一時之間，我的美國行程有了更大的意義。「只有在對的時候，事情才會發生。」當我們活在心的空間與神合一時，這會是我們的眞理。

心具有無窮的療癒力量，進入心的空間，我們便能與大地之母合一，與全體生命合一，與我們的「無意識我」合而為一；也唯有如此，我們才能進入高我的意識狀態，而整體人類才能展現高我的文明，發揮更完整的潛能，和神一起創造。

這是二〇一二之後將展現的奇蹟。祈願藉著書中引人入勝的故事和練習，讓每一個人更輕易地活在心中，享受這進化過程中所有恰好的安排。

【推薦序】

憶起千古前的誓約

《我聽見天使》作者、光的課程教師　田安琪

之前和閨密碰面，我有感而發：「這兩年，常覺得自己現階段這個被大家認知的角色總有一天要過去，未來會做什麼還不知道，曾經以爲是組織一個「生態村」……但不論如何，就是繼續爲人們做些事情吧……」然後不由自主的開始掉淚。我有點難爲情，覺得自己沒什麼資格談這種大願，而且我也從不鼓勵學生們設定這種容易讓心神外馳的靈性目標。我稱這是「被高我騷擾的時刻」，事實上，自己最希望過的反而是平凡而享樂的日子。二〇一一年，Uriel天使長曾透過Toni奶奶（光的課程傳訊者）說：「妳未來的任務妳現在並不想知道。」我哈哈大笑，覺得天使眞了解我。就在那個會面之後，方智的編輯告訴我，《生命之花》作者德隆瓦洛的另一本書《從心覺醒》，除了要我協助錄製中文版的靜心CD外，希望我也寫一篇推薦序。

我快馬加鞭地看著文稿，一路處於強波通電的狀態，許多過往所受的教導（包括大學與碩士所學習的「大氣物理」）、內在經驗與奧祕經驗（譬如在蒙眼的情況下「看見」前方的路況），就像拼圖碎片一樣逐漸找到彼此。而在拼圖就緒途中，一路伴隨著強烈的感召，我從來沒有在看一本書的過程裡處在這種被密集撼動的情況。書中提到，一群人圍成一圈，一起啓動

梅爾卡巴，在帶領者微調波頻的情況下，這個散放出去的光頻，能夠改變大氣成分，讓混濁污染的空氣瞬間轉化，當然，也包括空間之中人們意識的轉化。德隆瓦洛提到他在英國工作坊的經驗：大家在戶外進入啓動梅爾卡巴的靜心中，轉瞬之間，圈子的頂上開出一個藍洞：濃重的空氣消失，清朗的天空現身，纖塵不染的藍天中，甚至在白晝出現了月亮與群星。德隆瓦洛說：「我們四周布滿了小動物，如松鼠、囓齒類動物、狗……統統都圍繞著我們……一群又一群的鳥棲息在附近的樹枝上，溫柔吟唱。我微笑著，看著這些小動物一直試圖靠近我們這群卑微的人類……」看到這裡，淚水又成串成串地落下。

本書深入淺出地教導如何把自己帶入「心的神聖空間」，在這個比宇宙初始的創造還古老的地方，我們會憶起自己這一生最希望活出和表達的。如前文所述，即使我尙未眞正進行這個靜心，都在閱讀書稿時被喚醒了千古前的承諾。書的末尾並指出，當「心的神聖空間」與「梅爾卡巴光場」軸心重疊時，「心」與「腦」將共同創造。

我很震驚，因爲在最近有關「啓動梅爾卡巴」的演講中，我所提到的最後一個重點便是「共同創造」，雖然我們闡述的方式完全不同，但都不約而同地指向「合一」，這個人類揚升的終極狀態。接下來，我將會以《從心覺醒》爲藍本來學習與分享，讓更多人有機會進入「心的神聖空間」，並且希望有一天，能像德隆瓦洛所說的一般，與大家在各處開出「藍洞」，和動物們並肩而坐，同步呼吸著清新美好的空氣。

【推薦序】

美好人生，從心開始

地球禪者　洪啓嵩

心有無限的力量，它爲我們帶來幸福，也替我們創造了苦痛。現在，我們溫柔地面對自己的心靈，仔細了解它，發掘它的力量，並觀照它在生命歷程中的喜樂與哀傷。

心是生命中痛苦與喜樂的根源，它就宛如大海一般，湧起了無數的心浪。

佛陀曾經以十分有趣的說法來形容我們的心靈，祂說：

心的去向，宛如疾風一樣，不可捉摸。
心宛如流水，不斷的生滅而不止住。
心如同燈焰一般，是因為眾緣相聚而有。
這顆心如同閃電，會念念寂滅。
心如同虛空，會被外來的客塵煩惱所污染。
心如同獼猴，會貪染六欲。
心如同狂象，會踐踏各種土舍，破壞一切的善根。

心如同吞鈎之魚，在痛苦中生起歡樂的幻想。

由於我們的心靈，是如此的豐富而複雜，帶給我們生命中一切的痛苦與歡樂，並創造了覺悟安詳與迷惘紛亂。大覺者佛陀鼓勵我們要自行修行禪觀，來降伏自己的心靈，來圓滿自己的智慧生命。能正確認知實相的是心，能錯誤了知現象的也是心，能使我們幸福快活的是心，能使我們傷心痛苦的也是心。心眞是生命中最奇妙的資產與累贅，但同時當我們的心靈受到創傷時，能夠療治的也是心了。

《心經》中說：「依般若波羅蜜多故，心無罣礙，無罣礙故，無有恐怖，遠離顚倒夢想，究竟涅槃。」也就是這個道理。如果我們心中沒有負面的情緒、負面的力量來拉扯自己，我們心中自然充滿光明喜悅、正直、智慧。

心是萬法的根源，心、時間與空間，建構了宇宙萬象。我們制定了各種計量單位，到頭來反而執此爲實，爲時間與空間所困無法脫出，因此生、老、病、死、存、滅與往返運動，就成了我們生命中的重大問題，也讓我們無法獲得絕對的自由。

在《華嚴經》所描寫的實相世界中，超越了我們慣有的時間與空間思維，而有所謂的「芥子納須彌」，也就是一個極微小的空間能夠含容無限大的空間；「互含互攝」的境界，則顯示大小無限重疊映現的境界，就好像在虛空中有多重向度的空間存在，但又不破壞現前的三度空間一樣。勉強比擬，就像我們身處在前、後、左、右、上、下都是鏡子的鏡屋內，結果映現出無窮無盡的影像，但又不壞物體不二的本性。

在時間上，華嚴世界有所謂「化長劫爲短劫，化短劫爲長劫」，時間可以無盡濃縮，也可無限延長。在時間中自由出入，倒轉、中止而毫無滯礙。若說我們的現有世界只是無限機率的一種可能，那麼華嚴世界就是無限的或然，而不會破壞現有的可能。

心的力量如此強大，影響著我們自身與外境，呼風喚雨亦非難事。數十年前，我曾有一次奇特的經驗。由於長期修學禪定，身心非常專注統一。有天我看著天空，心想：「該打雷了吧！」於是轟隆一聲，一道巨雷劈了下來。是巧合嗎？我心想。「那麼，再來一次吧！」又一道雷打下來。當我知道自己心念力量強大到足以影響大自然，不禁戒愼恐懼：在未達圓滿的智慧與慈悲前，擁有強大的力量，是多麼危險的事！

我在拙著《佛教神通學大觀》中，詳細剖析了各種超能力、靈通與神通的異同，修學神通的方法，以及神通的限制與戒律，幫助大家在開啓生命特別的能力之前，能充分了解所面臨的未來。心的力量是如此巨大不可思議，心的萬象是如此多變令人眩惑，或許《金剛經》所言「見一切諸相非相」，了知萬相虛幻無可執取，正可作爲心靈修鍊之途的永恆燈明。

本書作者投入畢生心力，希望能喚起更多人重視內心神聖之地，字裡行間顯現他與讀者分享所經歷之境的熱情，透過集體心念的祈禱，幫助世間淨化。祝福一切有緣的朋友，能從心的回觀中，體悟實相的空之智慧，開啓幸福圓滿的人生！

【推薦序】

進入「心的神聖空間」的指南

《一個人的聖境之旅》作者　彭芷雯

認識德隆瓦洛是一次美麗的邂逅。二〇〇九年九月，我第一次到澳洲為中國團體翻譯喇哈夏的工作坊，在課程結束後的市集裡，遇見了在陽光下熠熠發光的水晶玻璃神聖幾何吊飾。老闆說，他就是按照《生命之花的靈性法則》做出這美麗的水晶藝術品的。當我再次到澳洲翻譯、再次看到這玄奇的神聖幾何時，便毫不遲疑地買下吊飾以及他所有的原文著作。

從此，我就一頭栽進了德隆瓦洛的奇幻世界，甚至飛越太平洋、單槍匹馬到美國瑟多納去上他親授的「地／天工作坊」（詳情請看我的著作《一個人的聖境之旅》）。

德隆瓦洛總像個孩子般不停學習，並在這條道路上分享他的親身經歷，因此從他的書中也可看到「演進」的脈絡，雖然他的每一本書都很精采，也都互相關聯，但就像電腦軟體不斷的更新版本，我覺得最「好用」的方法，就是這本《從心覺醒》。

德隆瓦洛相信，如果人們可以透過心的共同語言來溝通，將能直接看見彼此，我們以為與生俱來的孤獨與分離感、以及許多表相的誤會與虛假都將消失，我們將能夠有意識的共同創造。從心的神聖空間、而非運用頭腦這個二元工具來創造時，因為心的本質是一元性的，只會根據原來的意圖如實創造，就不會同時創造出它的黑暗反面。德隆瓦洛也在書中一再提醒：要懷著輕鬆好玩的心情，像個孩子帶著開放的眼睛與感知，才能進入心的神聖空間；若是執著於結果與期待，頭腦很容易太「努力」了，反而無法眞正進入心中。

「心的神聖空間」是個沒有時間性的意識空間，在那裡，一切都是可能的。這就如同《零極限》中所說的「回到零的狀態」，也是量子物理學中提到的量子場域。在這本書中，我又再次看到許多古老智慧的共通之處，只是所用的語彙不同。

誠如德隆瓦洛在前言中所說：「這是一本憶起之書。其實書中所談的這個神聖空間一直在你的心內，從未離開。」本書是進入「心的神聖空間」的指南，當你隨著書中指引進入心的神聖空間，那份憶起的狂喜將充盈你的生命、改變你的世界！

若有人問你：
「在不朽的堅固城市，
我們的身體中，有一朵蓮花。
在這朵蓮花中有一個小小的空間：
裡面暗藏了什麼，
讓每個人都渴望知道的祕密？」

你必須回答：
「那是如心外虛空般廣大的
一個小小空間：
天和地都在其中，
火和空氣、太陽和月亮、閃電和星宿，
一切你所擁有和還未擁有的，
都匯集在這小小空間，
在你的心中。」

——《奧義書》8.1.2-3

＊朗・拉布雷斯贈於本書完成的前一天
——德隆瓦洛

【自序】

隱藏在心中的神聖空間

從一九七一年開始，我就積極研究靜心和被稱作「梅爾卡巴」的人類光體，我的大部分成人生活就沉浸在這個古老的傳統中。對我來說，它本身就很完整，並且能解答我對生命的無數問題。我的內在指引教導了我神聖幾何，而它又引領我去發現人的光體。神聖幾何本身似乎也已完整涵括宇宙所有的知識祕及奧祕。這一切都很驚人。

經過多年關於光體的研究，我逐漸清楚看到還有更多東西需要探索，但很長一段時間我都無法具體描述它們是什麼。一如往常，神以不尋常和隱微的方式顯現祂自己。梅爾卡巴之外，一個具有巨大靈性價值、隱藏於我內在空間某處的祕傳珍寶，終於慢慢闖進了我的生命。爲什麼會這樣呢？我只能假設必有所用。

本書是我送給你的禮物，因爲我知道眞正的你是誰，我如地球愛太陽那般愛你。我相信你會善用這些訊息，其實我也並不擔心你會誤用，這是不可能的。

【前言】

從心生活

遠古以前，人類和現在大不相同。那時人與人之間的溝通方式，對現代社會的大多數人來說，恐怕難以想像。當時人類完全不透過大腦來溝通和感受，而是經由心的神聖空間來傳遞訊息。

澳洲原住民至今仍和名爲「夢世紀」（dreamtime）的古老生命網絡連結著。在這個集體夢境（或說集體意識狀態）內，他們依然靠自己的心來過活，在西方理性心靈完全難以想像的世界中生活、呼吸著……在鄰近的紐西蘭，毛利人可以在靜心中穿越廣大時空看到美洲大陸。他們透過這種方式和美國的霍皮族印第安人連線、開會，以交換預言，不須透過任何「高科技傳輸」，該做的工作就都完成了。夏威夷原住民的祭司則和大地之母直接溝通，請示魚群的所在，來餵養他們的子民。於是在一塵不染的湛藍天空中，巨浪似的煙雲幻化成人的手，爲他們指出魚群的聚集處。南美洲哥倫比亞內華達山脈的高山上，仍住著一個原始部落，他們知曉「沒有文字的語言」，而這種語言來自他們心內的一處神聖空間。

如果我們還記得，《聖經》上曾說過：在巴別塔建造之前，人類本來受神眷顧，只有一種語言，後來卻分裂成數百種，語言成爲人類彼此溝通的障礙，讓每個人陷溺在自己的小世界裡。

因爲誤解而產生的不信任成爲人類不由自主的命運，於是我們注定要彼此相鬥。人與人無法交談，這是最冷漠的分離形式。即便是來自同一宇宙本源，兄弟姊妹因無法眞正表達內心的想法和情感，終至相互爲敵。隨著世紀流轉，在人心的長久隔離下，透過進入心體驗共同夢境的古老溝通方式，便被遺忘了。

這是一本憶起之書。書中所談的這個神聖空間一直在你的心裡，從未離開。在世界被創造之前，它就在，到宇宙最後一顆星星殞落，它仍會在。每晚當你深深沉入夢鄉，你便離開了你的頭腦、進入你心內的這個神聖空間。只是，你還記得嗎？還是你已經完全遺忘了，只記得你的夢？

爲什麼我要告訴你這個已經從我們記憶中逐漸消失的「東西」呢？在科學和理性已

成爲最大宗教的今日世界，找到這個神聖空間有什麼用呢？難道我不知道現今這個世界，情緒與感受早已淪爲二等公民？

是的，我知道，但是我的老師要求我來幫助你憶起「你是誰」。你不僅僅是一個人，你是一個更大的存在。因爲在你的心內有一個地方——在那兒，這個世界可以透過有意識的共同創造而被全然改造。

如果你一直在尋找心靈的平安，如果你想回天家，讓我邀請你進入你心內的美麗之地。在你的允許下，我會告訴你我被教導的一切；我會爲你明確指引進入心的路徑——在那兒，你和神是全然合一的。

這是你的選擇，但是我要提醒你：這個經驗裡也隱含了巨大的責任：當靈魂提升到更高的境界，生命會知道，而它會利用你，正如所有偉大心靈導師都曾經被利用那樣。如果你讀了這本書，並依照指示做了靜心，仍然沒有任何改變發生，你的內在靈性可能暫時睡著了。一旦你進入「大黑暗之光」，你的生命必定會改變；最終，你會憶起你的眞實身分，最終，你的生命會成爲對全人類的事奉。

在本書最後兩章，你會發現一個大驚喜，瞥見偉大的希望。人的光體（環繞在身體周圍直徑十七到十八公尺內），也就是我在《生命之花的靈性法則》一、二冊中提過的「梅爾卡巴」，與「心的神聖空間」之間藏有一個祕密連結。如果你已經在練習梅爾卡巴靜心，我相信你會發現本書的訊息對你進入更高光次元的揚升之旅具有無比的重要性；如果你只對「心的神聖空間」有興趣，讓本書的話語成為你生命的祝福，並助你憶起你的實相。

最後，本書嘗試以最精簡的話語來傳達此特殊靈性經驗的精髓和眞義，所有圖像也都力求簡單，因為這本書全來自於心，而非頭腦。

第一章

闖入未知的領域

當時，我完全不知這個科學實驗會帶領我超越頭腦，來到意識的未知領域，並進入心內的一處祕境。

我幾乎是在隨性的情況下，開始了這段故事。我並不是在神聖幾何或梅爾卡巴靜心的高頻狀態，而是在稀鬆平常的日常情境下，做了這個決定：我要運用心靈科技來協助地球療癒。我覺得我們都有責任，特別是如果我要談論這個主題，我必須要「活出它」（正如我在許多公開演講中所做的那樣）。於是，我向所有能協助療癒地球的可能助緣敞開。

不過正如你所想的，我告訴你這個故事的主要原因並不是要談淨化環境，而是我在實驗這個叫作「R-2」的環境清淨機時發生了什麼事、我的生命是如何徹底被改變、它如何打開了我的心靈，並為我開啓了全新的生命經驗。

當時我完全不知道這個科學實驗會帶領我超越頭腦，來到意識的未知領域，並進入心內的一處祕境。

科學界叛徒找到解決空氣污染的新方法

故事始於一九九六年五月，有位老朋友打電話給我，問我是不是對他在科羅拉多州丹佛市的空氣清淨計畫有興趣。我不想公布他的名字，因爲我相信他不希望我這麼做，那就叫他「強尼」吧。這人可說是科學界的叛徒，在狹小卻精密的個人實驗室裡研究生命和物質界的許多主題。

我不太相信他的智商可以被測量，因爲他顯然是個天才。他發明了一種新方法，能用某種微波發射來「看」眞實世界，爲他的研究帶來極大的利基。即使美國政府在得知他的研究工作後，也一直到最近才有能力複製他的實驗。

強尼說，他和同事史林（Slim Spurling）發明了一套不可思議的線圈，找到了解決環境污染的方法，希望我過去看一下。他說，他們成功清除了丹佛市附近的空氣污染，現在丹佛市周邊的空氣已經變得非常清新，希望我親自過去看看。

這眞令人難以置信！因爲我在科羅拉多州博德市住過，離丹佛只有幾公里。那時候的丹佛（大概是七〇年代晚期）可說是全美空氣最糟糕的城市，甚至比洛杉磯還糟，這也是我當初搬離的原因之一。其實我覺得強尼應該是在吹牛，但以他的聰明和才情，幾乎沒什麼是不可能的，所以我就想，爲什麼不去看看呢？反正我剛好想出門走走，這至少會是很有趣的經驗。

我決定帶著開放的心、但不懷任何期待地前往。即使他說的話並非事實，這趟旅程至少能把我帶往白雪皚皚的洛磯山脈，那兒總令我活力充沛。

親眼目睹空氣污染瞬間被改善

一週後，我就步出了丹佛市機場，進入清淨無染的環境中。我不曾聞過比這更乾淨的空氣，乾淨得幾乎像是不存在，我甚至能在三十公里外清楚看見遠處山上的樹木。

我就站在那裡，像闖入奇幻世界的迷途者，呆呆看著五年前從沒見過的潔淨空氣。若說我的興趣被挑起，那眞是太輕描淡寫，我其實是嚇呆了！強尼眞的做到了嗎？

一台計程車緩緩駛向我。司機散發出溫柔而放鬆的氣質，叫我坐到前座，好像我是他多年的老友。不出幾分鐘，我們就悄悄抵達史林的家和實驗室。我從來沒去過那裡，卻聽說過很多很棒的故事。

我記得自己曾偷瞄了一下計程車司機的眼睛，他看起來完全沒有壓力，就計程車司機來說，這是很不尋常的特質。我問他是否很喜歡自己的工作，他筆直看著前方的道路回答，他喜歡自己做的每一件事。對他來說，人們就像是一本本打開的書，充滿了世界的各種經驗和故事。

接著他問我來丹佛的目的，我告訴他我是來尋找空氣污染的解答。他看著我，帶著孩子般的天眞說：「統統沒有啦！你看，現在已經沒有空氣污染了。」我說這兒的空氣看起來的確是乾淨極了。司機回答：「還不只這樣呢，我認識的每個人都感覺好棒，你知道到底發生了什麼事嗎？」

我並不知道該如何回答，但我們很快就駛向兩旁矗立著雙層古老公寓的長街，盡頭處就是科羅拉多州黃金市的「科羅拉多礦石學校」。此處有個團隊彙編了「R-2」空氣清淨機的實驗資訊，而史林正是這群科學家之一，因此我到這裡來見他。

R-2機是個非常奇妙的發明：在雨雲正要形成閃電前，他們成功掌握了雨雲的波形，擴展到五十多公里的區域，然後把其中的碳氫化合物分解成無害的顆粒、氧氣和水蒸氣。這是眞的嗎？當你進入並呼吸著史林家那條街的空氣，你幾乎可以確定答案。

我敲了門，聽見史林叫我進去。他的家其實是實驗室，看起來完全不像是能住人、睡覺和吃飯的地方。不久我就發現，原來他住在樓上，跟實驗室是分開的。屋裡的地板上散布著大大小小的奇怪銅線圈，還有許許多多恐怕只有上帝和史林才知道是什麼的東西。這人看起來就像是留著白鬍鬚的魔法師梅林和正在尋找牛隻的老牛仔的綜合體，而這些「老線圈」其實正是清潔丹佛市空氣的功臣。

我的朋友強尼當天並沒有現身，但史林跟另兩位研究員正在測試這些儀器。兩位研究員離開後，留下我單獨跟史林在一起，因此我可以好好了解這個人。不久我就發現，他顯然也是個天才。我和史林及他的同事一起住了幾天，向他們學習他們覺得能夠跟我分享的東西。

以下是**R-2**機運作的方式——當然眞實情況比這要複雜許多，此處所說的僅爲概述：雨雲釋放出閃電時，它所發射的波形被複製在一個特殊的機器上（並非**R-2**機），再輸入**R-2**電腦的晶片上，然後**R-2**機的擴音系統就透過名爲「調節器」的嵌入線圈將之傳送到空氣中。這些波形逐漸擴展成一個超環面的能場（形狀就像甜甜圈），影響了鄰近空氣中的重力波，因此就能從遠方清理空氣中的污染粒子。

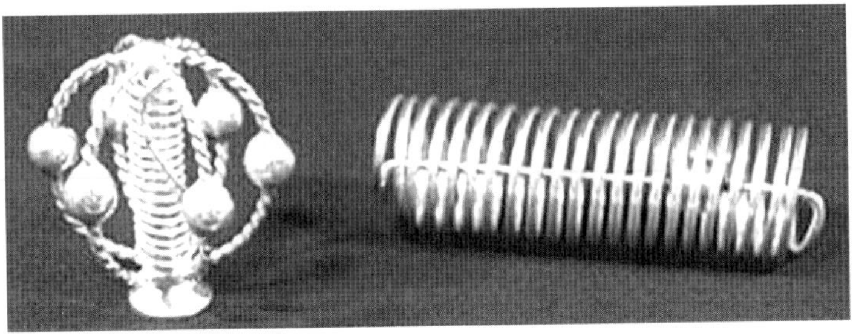

史林的兩個線圈——R-2之心：調節器（左）和負能量吸除器（右）

R-2機上有四個刻度盤，連結著被線圈包裹的金屬棒頂端，形成一個四面體。這四個刻度盤可以被旋轉、調頻來「活化」這個超環面能場。

強尼和史林都認爲這個超環面能場是「活」的（在我親眼目睹過它如何跟大自然互動之後，我也這麼認爲）。我試著盡量保持開放的心，因爲在那時，這些東西對我來說都是很新的東西。

首先我憑藉自己第三眼的感知力，學會如何在R-2機上調頻。對我來說，旋轉這四個刻度盤來調頻，其實還算容易。我在靈能場方面已經累積了豐富的經驗，因此這些事對我來說還滿自然的（之後我發現只有少數人能夠一開始就做得很正確，但幾乎所有覺知敏銳的人都可以被訓練）。

我繼續我的訓練，直到史林跟強尼都覺得我已經準備好被測試。我要做的就是用R-2機去跟自然調頻，然後把丹佛市某個「失頻」的小區域調回平衡狀態（要是R-2機的某個部分失頻了，那麼通常在兩週內，它所運作的區域就會回復到原來的污染狀態）。事實上在這個時候，我已經很難相信丹佛市還會有空氣不乾淨的地方，但史林跟強尼都說的確有。

我們開車開了大概三十多公里，來到丹佛市東南方某個我不熟悉的區域，一直開到城市邊界。我們在公路旁停好車後，就爬上一道斜坡。當我們爬上頂端，一座小森林出現了。

我永遠無法忘記我所看到的景象。當我們從這個小山坡頂端往下看山的另一邊，映入眼簾的是低而寬的山谷，而整個山谷都被一團蔓延了好幾公里的紅褐色污雲籠罩住。我們在一棵小杉樹下藏了一台R-2機（經過的人多半都不會注意到），此時正輕輕低吟著雨雲旋律——只是，已經走音了。

強尼跟史林叫我在R-2機前坐下，他們要測試我是否已經學會了我的功課。我帶著強烈的興趣和孩子般的好奇心坐下來，盤起腿，閉上眼睛，開始靜心，並試著感覺該怎麼來調這個機器。

正當我要開始調整刻度盤的時候，強尼要我停下，告訴我：「把眼睛張開，看著這些污染雲。」這跟平常訓練的方式不太一樣，但我還是照做，一邊開始調刻度盤。不久，強尼又要我停下來，說：「注意聽鳥叫的聲音。」

我轉向強尼，問道：「什麼？」在訓練過程中，從來沒人向我提過鳥這件事。

他重複一遍：「注意聽鳥的叫聲，你會懂得的！」

我根本不清楚他在說什麼，但是不管怎樣，我還是開始了。轉動第一個刻度盤時，我立刻就感覺到附近幾公里內的區域有了變化，但是在可見的世界中似乎並沒有什麼事發生。當我開始調第四個刻度盤，兩件讓我非常驚訝的事同時發生了。

幾乎是立刻，那團原本是紅褐色的污雲消失了，只看見非常乾淨、清朗的大氣層，簡直是奇蹟。就在污雲消失的同時，我周圍大概有一百隻鳥開始齊聲狂野地歡呼和吟唱起來，我甚至不知道牠們在哪兒！這兩件事同時發生，在我身體上也產生了非常奇妙的效果。我看到、感覺到了R-2機驚人的威力，同時也在那時，我清楚知道這個新科技是眞的，而且我還需要藉由直接的經驗，才能學習到很多。

在R-2機運作的一九九五年到一九九六年年初這段時間，丹佛市的空氣變得非常乾淨，但丹佛市環保署卻把功勞都歸爲己有。環保署聲稱，因爲他們所採取的種種方案和策略，使得丹佛市的空氣變得如此潔淨。但是，我親眼目睹R-2機瞬間就改變了丹佛市大面積的空氣污染，所以我知道，丹佛市環保署只是白白坐享其成，白白虛占了功勞而已。

此外，強尼跟史林還把R-2機交給科羅拉多州科林堡的某個獨立實驗室做測試，結果當然毫無疑問，R-2機具備他們宣稱的所有功能。測試員讓R-2機運轉了一段時間，然後關掉，科學地記錄了R-2機開啓與關閉時空氣污染程度的差異。他們重複測試了一段時間，若我沒記錯，大概是三個月左右。與此同時，美國科克蘭空軍基地的空軍也開始關注這個實驗，並注意起我在鳳凰城做的另一個試驗（我在後文會再描述）。空軍基地問我們，願不願意把機器送到他們的機構去做科學性檢驗，我們同意了。後來的測試也完全證明了R-2機眞的具有清除空氣污染的功能。

當我們回到實驗室之後，強尼跟史林給了我一台R-2機，讓我帶回亞利桑納州測試。我必須承認，我就像孩子收到期待已久的玩具一樣。我耐心地等待回家，之後就能開始探究這不可思議的機器了。

改善鳳凰城的重度空氣污染

我回家那天，剛好是一九九六年五月三十號，《亞利桑納公論報》頭版描述了鳳凰城目前的空氣污染有多恐怖。亞利桑納州州長辛明頓（Fife Symington）說，鳳凰城的空氣污染已經糟得讓這個城市的污染等級升為「重度」。市政府每隔幾天就發出警告，情況也一天比一天嚴重。

爲了解決這個問題，辛明頓成立了「臭氧層策略行動小組」，小組的領導人是佛蘭（Roger Ferlan）律師。關於如何改善空氣污染，佛蘭在《亞利桑納公論報》的專欄中宣稱：「我們會嘗試所有可能的方法，不管有多麼激進、奇怪、困難或昂貴，我們都會考慮。」

佛蘭先生說，他們絕對要淨化鳳凰城的空氣，因爲這個問題將會全面摧毀這個城市的旅遊業、影響到所有商業活動，並對居民的健康造成傷害。

所以我提筆寫了封信給佛蘭先生，請求他們協助我們在鳳凰城架設一台R-2機。我們有獨立實驗室和美國空軍基地所出具的科學證據，而且並不要求任何財務協助，所以我相信他們會很高興地來找我們談。

天啊，我眞是錯得離譜！在這封信裡，我只要求鳳凰城市政府給我們一個機會，來向世人證明我們能辦到，而我們會支付所有費用，他們只需要知道有這樣的機器存在，同時在我們操作時監看這個過程。

不久，我接到一個叫吉布斯（Joe Gibbs）的人從市府打來的電話，他告訴我，他們對R-2機沒有興趣，也不會幫我們。你不知道我聽到這樣的回應有多麼沮喪，也是到那時我才了解，所謂的報紙專欄只是政治手段和表演，他們其實並不想淨化鳳凰城的空氣污染，他們完完全全拒絕了我。

幸運的是，沒有人能阻止我繼續研究，因爲R-2機只需要一個九伏特的電池，而運轉只需要幾毫伏特的電量。聯邦政府明定，使用電量低於一伏特的機器皆不受規範。

我就在一九九六年六月四日那天，在靠近史考特戴爾北邊的邊界「洞溪」打開了第一台**R**-2機。那裡的空氣眞是糟透了，而且非常乾，連呼吸都有困難。這一帶已經好幾個月沒下雨，連仙人掌都枯萎了。前三天並沒有任何事情發生，直到第四天，在我架設**R**-2機的房子上方出現了一片小小的烏雲，這是整個南亞利桑納州唯一的一片雲。接著這片雲慢慢開始擴展、變大。

到了第十天，這朵小烏雲已經擴展到直徑約二十四公里的範圍，接著，這一帶在許久的乾旱之後首度降雨，還出現閃電。說到閃電，我的天！還眞的非常多，我一生中只見過一兩次這種數量的閃電。這場暴風雨持續了好幾個小時，閃電的閃光不停橫掃過天空。天空帶著臭氧迷人的氣味，慢慢被傾盆落下的雨水打開了。從那時開始，這兒幾乎每一天都下雨，不僅完全淨化了空氣中的污染，附近的河流跟湖泊也都被潔淨的雨水灌滿。

到了一九九六年九月一日，**R**-2機創造的波形終於被建立了。從那天開始，再也沒有出現空氣警戒——直到美國空軍要求我們關掉**R**-2機，看看會發生什麼事。

我們在一九九八年五月十二日關掉**R**-2機，到了五月底，空氣污染又恢復到原來的狀況，迫使市政府又發出一九九六年以來的首次警戒。在這整個測試期間（其實我們在一九九七年三月又在鳳凰城架設了一台R-2機，也就是在這時出現了明顯的效果），鳳凰城的碳氫化合物指數一直都保持在個位數，有時在鳳凰城市中心指數甚至是零，也就是說完全沒有任何碳氫化合物污染。不幸的是，R-2機並不能阻止碳酸鹽形成（也就是臭氧污染的原因），不過卻真的減輕了碳氫化合物的污染，這完全是公開的紀錄。

測試結束時，我確信R-2機是個成功的發明。然而美國空軍一直監視我的行動，進而要求我關掉R-2機。他們要求我關掉機器，告訴我說他們想看看會發生什麼，卻在關掉時告訴我，美國環保總署不允許我繼續這個實驗，建議我到美國境外去測試。托了美國空軍的福，我開始到外國做實驗。

從一九九六年六月到一九九八年五月，我運用R-2機獲致許多驚人的成果，當然鳳凰城市政府是不會承認其中任何一項的。最後，我寫了另一封信給鳳凰城市政府：

致史基著・倫薩（Skip Rimsza）市長

親愛的倫薩市長：

一九九六年五月，《亞利桑納公論報》有篇專欄描述了鳳凰城空氣污染的嚴重情況，同時指出未來整座城市將瀕臨何種險境。這篇文章提到，辛明頓州長成立了一個「臭氧策略行動小組」，由佛蘭律師領導（我隨信也附上這篇文章）。當佛蘭先生提到這個空氣污染問題，強調「我們會嘗試所有可能的方法，不管有多麼激進、奇怪、困難或昂貴，我們都會考慮。」

那時我跟「臭氧策略行動小組」的成員吉布斯先生，談起我們一九九五年在科羅拉多州丹佛市測試過的一個空氣清淨系統，測試結果顯示，丹佛市的空氣在我們使用該系統的那一年，出現有史以來最佳的空氣品質紀錄。

吉布斯先生告訴我，他對我們的系統沒有興趣。然而，運轉這台機器只需要不到一伏特的能量，並沒有任何法律能阻止我們進行測試。我們告訴吉布斯先生，我們將完全自費，但他仍然拒絕了我們。我問他，你們至少是否能監看我們的測試過程，他也拒絕了。我覺得他真的一點都沒幫到忙。我從吉布斯先生身上經驗到佛蘭在專欄中所宣稱的截然不同的態度。幾個月後，我們試著要給他一份在科羅拉多州科林堡市所做的獨立科學測試結果，這個測試可以證明我們的空氣清淨機是可行的，而他也說他太忙了。即使當時與我們合作的美國空軍打電話跟吉布斯先生談這件事，他還是表示沒有興趣。

一九九六年六月四日，我們在洞溪約五十多公里直徑的區域架設了最小規格的清淨機。剛架設時，需要三天來初轉，大概經過三個月，運轉便進入穩定狀態，於是我們在一九九六年九月一日開始全面運轉。像鳳凰城這樣大的城市，至少要十台才夠，但我們沒有足夠的財力來購置。只運轉一台機器，就像是一台漂亮的新車、卻只有廿五馬力——但至少比沒有好。

在一九九六年九月一日之前，鳳凰城的空氣污染警戒天數一直都很長，且即將被環保署評等爲「重度污染」狀態；一九九六年九月一日之後，卻沒有出現過一天警戒，空氣污染指數也一直穩定下降。到一九九七年三月，我們在機場附近又架設了另一台機器，形成更強的系統，對鳳凰城也產生更大的正面影響。

新墨西哥州的科克蘭空軍基地一直對我們的研究保有高度興趣，他們也曾對我們的儀器做過測試。如果有興趣，你們可以打電話給柏爾中校（Pam Burr）。

我之所以寫這封信給你，是要通知你們，我們將在一九九八年五月十二日把機器關掉，我們讓本地進入失頻狀態已長達三週。在接下來的九十到一二〇天左右，空氣污染可能會回復到一九九六年六月前的狀況。從鳳凰城市政府對這項科學研究的回應，我們並不期待未來有進一步的溝通，不過如果你們覺得我們有可能可以協助淨化城市空氣，請打電話給我們。

地球關懷者　德隆瓦洛．默基瑟德

一九九八年五月七日

副本：柏爾中校

* * *

在這段測試時期，我逐漸了解實際發生的事，也就是人的意識是如何與**R-2**能場交互運作。我發現**R-2**機其實是依照人類光體（或稱梅爾卡巴）的形象創造出來的。所以理論上應該說，任何知道如何做梅爾卡巴靜心、又知曉「雨雲」振動頻率的人，若能合併這兩項元素，就能不靠機器輔助、僅僅利用人的覺知複製出R-2機的運作功能。

這個問題我想了好一陣子。有一天，我在澳洲教導梅爾卡巴靜心，有個學生跑來問我，既然R-2機可以改變某地區的大氣層，那麼熟知梅爾卡巴靜心的人是否也能夠做同樣的事？正好跟我的想法完全相同。

人能透過靜心來淨化空氣

澳洲東部海岸的北邊，曾經有過非常嚴重的乾旱。我不太記得實際的時間，但應該是在一九九七年或一九九八年。森林大火到處延燒，看不出有終止的跡象，烈燄所引發的濃濃黑煙在空中瀰漫，空氣乾到不可思議。

在這名學生和另外三人的目睹下，我開始進行梅爾卡巴靜心。接著把雨雲波形的音波，往外發送到附近幾公里的大氣層。那天下午並沒有發生什麼事，但我們隔天早上醒來時，就聽到大雨重重敲打小木屋的鐵皮屋頂，天空中瀰漫著濃霧、水氣和厚重的雲。我從床上跳起來，跑到窗口去看，暴雨像瀑布般打在我們的小屋上，我非常興奮，像個孩子一樣。

我知道我的梅爾卡巴靜心確實有效，但只這麼一次——任何事只發生一次都可能是巧合。還好這場大雨不停下了三天，一直到我回美國，仍然沒有停止。回到美國後，我接到澳洲朋友打來的電話，他說那場傾盆大雨連續下了兩個多星期，撲滅了所有森林大火，澳洲政府也正式對外宣告乾旱終止。

這勾起我強烈的興趣，這是眞的嗎？一個普通人能透過靜心改變天氣？幾個月後，我到墨西哥市教導某團體梅爾卡巴靜心，在我分享完澳洲的求雨經驗後，其中一位聽衆問我：「既然你能在澳洲做這樣的事，是不是也能在墨西哥市做？這裡的空氣也這麼糟，我們幾乎都快沒辦法呼吸了。」

我必須承認，我到過世界許多地方，從來沒有一個地方的空氣比墨西哥市還糟。舉目所見，最多只能看到兩條街遠的房子，之後就模糊不清了。即使日正當中，也幾乎沒辦法看到天空。我覺得我好像就住在棕色的圓頂下方，吸入的每一口氣聞起來都像

墨西哥市的金字塔

是大柴油卡車後的氣味，好像我就站在車後面那樣。此地的確是非常好的測試點。

於是我在四十多名目擊者的陪伴下，來到了城中心。在幾條高速公路之外，有座古老的金字塔。我們就爬到金字塔頂端，俯瞰整座城市，但範圍有限，因為其他地方統統被濃濃的黑煙覆蓋住了。

我們在金字塔頂端一個大而平坦的草地上坐下，彼此面對面圍成一圈。每個人都知道我接下來要做什麼：我將透過梅爾卡巴靜心設定一道天線，來發送出雨雲的振波，就像之前釋放出閃電那樣。在跟大家一起對了手錶後，我就開始靜心。

十五分鐘後，我頭頂上方的天空出現了

一個藍色的洞，每一個人都往天上看，並指著那個洞。它逐漸擴大——天啊，它眞的快速在擴大！差不多又過了十五分鐘，藍洞已經擴大成直徑約四公里的圓形。在墨西哥市混濁的天空中出現了一個完美的圓形，就像是有人從上方用餅乾模在污染的大氣層上壓了一塊，然後丟掉。

接著整片棕色「雲牆」開始向四周擴散，而我們所在區域的空氣卻非常乾淨而清晰。當一朵漂亮的粉紅色雲朵慢慢在我們頭頂上方的天空形成，我們還聞到淡淡的玫瑰花香，眞是壯觀。

根據我們的紀錄，這道雲牆維持了三小時又十五分鐘，連墨西哥政府都派出直升機過來探看天空中為什麼會出現一個洞，不過我後來並沒有聽到任何官方的說法。最後我告訴我帶的這個團體，我現在要停止靜心了，來看看會發生什麼事。就在我停止靜心後，這道棕色雲牆開始朝我們所在的地方移動，大概十五分鐘內就趕上了我們，再次把我們包裹在墨西哥市充滿濃煙的可怕惡臭當中。就這樣，我們再度被污染的圓頂籠罩，整座城市隱沒在視線之外。

我仍然記得，在飛回美國途中，我的心仍深深被觸動。我知道我確信，人類的意識

英國某個沼澤地區

是所有問題的終極答案。在回程的飛機上，我眞的可說是興奮莫名。這次實驗之後，我又反覆做了幾次同樣的實驗，兩次在英國，兩次在荷蘭。每一次的結果都很好，也都是在至少五十名觀衆的親眼目睹之下發生；在英國測試的第二次，更戲劇化地改變了我的生命。

遇見心中的內在世界

我不確定是在英國的哪個地方，只記得是在某個沼澤地區，那兒已經超過半年沒有日照。整片大地都籠罩在似乎永遠不會退去的濃霧之中，每樣東西看起來都濕答答的。我在那兒教導一個五十五人的團體梅爾卡巴靜心。在四天工作坊的最後一日，我建議大家一起試試用梅爾卡巴靜心來清淨空氣。問題是當時環境中並沒有空氣污染，只是有濃霧。我的內在指引告訴我：「別擔心，你還是可以進行，看看會發生什麼事。」

當然要說服所有成員進入濃霧和雨中、坐在潮濕的草地上圍成一圈並不容易，但他們最後還是同意了。一開始他們都認為我瘋了，不過還是選擇相信我。

大家都把雨傘帶出來，並把黑色塑膠布鋪在地上，然後連我在內共五十六個人就坐在地上，在濃霧和雨水中圍成一圈，每個人都撐著傘，看起來眞像一群傻瓜。

在靜默中，我開始了靜心……隱約感覺會有什麼特別的事發生，但也無法明確知悉。十五分鐘後，在我們頭頂上的天空，有個藍色的洞形成了，並開始往外擴張，就像在墨西哥市那樣。只是這一次它擴張得更快、也更遠；它不斷繼續擴張，直到形成直徑約十三公里的圓形。於是我們這群人便坐在乾淨的湛藍天空下……午後的陽光穿過約一千公尺高、由濃霧形成的圍牆，照向我們，接著有件事就發生了——

一個奇特的感覺穿過每一個人的身體，就好像我們同時感受到神的存在。我的手臂開始起雞皮疙瘩。我們往上望向天空，在圓洞中我們看到了一枚完整的月亮，正光燦明亮地閃爍著。只是這月亮似乎有點不同……周遭的空氣非常乾淨，乾淨地幾乎不存在……在這枚月亮四周，布滿了另一樣東西，一樣我曾經聽過、卻從來沒有看過的東西：群星。在日正當中的白天、被群星環繞的月亮——這眞是棒透了！

接著我的注意力忽然被吸引回地球上，我看到我們四周布滿了小動物，如松鼠、囓齒類動物、狗……統統都圍繞著我們，看著我們。一群又一群鳥兒棲息在附近的樹枝上，溫柔吟唱。我看著圓圈當中的每一個人，很明顯全都處在意識轉換的狀態中。我微笑著，想起了聖法蘭西斯，同時看著這些小動物一直試圖靠近我們這群卑微的人類。

我記得此時有個想法突然在我的腦海裡浮現：我希望我們能有一點陽光，這裡有點太冷了——幾乎是立刻，天空開始亮了起來。我轉頭去看光源，一個小小的奇蹟便發生了：本來濃霧牆把陽光完全遮住了，正當我想要一點點溫暖的想法出現時，濃霧牆的牆壁上就出現了一個小洞，而那正是太陽所在之處——陽光像霧夜的手電筒般灑向我們。而這個洞也一直跟隨太陽緩緩移動，大概有一個半小時之久。這段期間，我們這個小圈圈就沐浴在溫暖的陽光下，靜心祈禱。

最後，我覺得我們已經看夠了，而且太陽再二十分鐘就要下山了，我便告訴大家，我要停止靜心了。就在這時，濃霧又快速朝我們所在之地瀰漫。幾分鐘內，我們就再度被濃霧和雨水籠罩。

正當我們準備起身的時候，有個奇蹟（不管以任何人的標準來看都是）發生了。有位男士跟太太一起來參加工作坊，十年來都靠輪椅代步。他勉強能夠站立，但只能維持幾秒，僅足以換個姿勢或移動到另一張椅子上，他的太太得隨時從旁協助。這時，當每個人都開始離開圓圈、往回走，這位男士居然從輪椅中站了起來，把輪椅拋在身後，和大家一起走回小木屋。他居然能夠走路了，這是不可能的！雖然他走起來有點蹣跚，但眞的是用走的回去。

他太太親眼目睹這件事發生，幾乎說不出話來。之後她告訴我，這位男士不僅可以開始走路，脊椎也直了，比剛來參加工作坊時高了十五公分。剛剛在這裡發生的奇蹟讓我們每一個人的心洋溢著喜樂和力量。

身爲治療者，我親眼見證過許多奇蹟，但痼疾常常在隔天復發；這次卻不同，這位男士隔天早上向早餐室走來，他太太笑容滿面地隨侍在旁。我認識另一名女士，也是他們的朋友，她每年都會打電話告訴我這對夫婦的近況。過了五年，這位男士仍然能夠正常走路。

這位男士在英國工作坊的特殊經驗中，看見了生命的實相。我相信他了解到一切都是光，而**這個世界就是我們內在的靈魂所創造的；因此他確知，他可以用自己的意識來療癒身上的疾病，而他就這麼做了。**

* * *

這次英國經驗也同時改變了我的生命，開啓了我當時還無法完全了解的覺醒之路。我開始了解，在人的內在靈魂中，存在著遠比現代科學或理性思考更強大的「東西」。我非常確定人的外在世界，是由他心中的內在世界創造出來的。

我之所以知道那「某個東西」在人的心中，是因爲我在梅爾卡巴靜心中發出雨雲的振波時，感受到這些振波是源自我的心，它是透過我對於大地之母的愛所產生的。就這樣，我對生命慢慢有了全新的理解。

第二章

在黑暗中看見

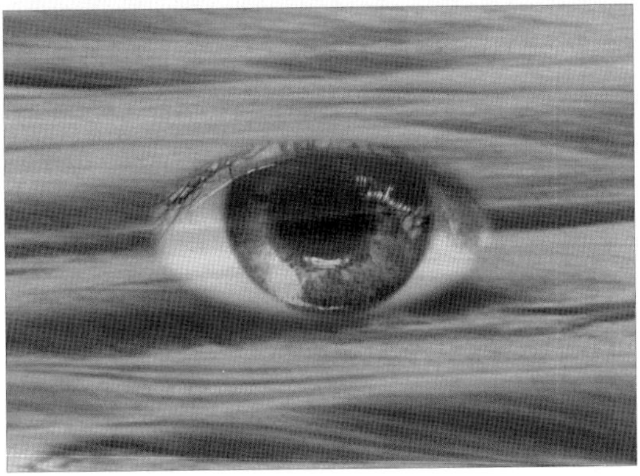

我學習到觀看有兩類方式，我們可以透過光來看，也可以透過黑暗來看。第一種是用我們的眼睛和心智來看，第二種則是用我們身體的其他部位去「看」……

全盲瑪莉安能看見

幾年前，我的朋友皮特（Pete Carroll，當時他還是紐約噴射機隊的主教練）一直打電話跟我說，我真的該去見一位非常特別的女士。他覺得這位女士能夠跟我分享一些對我很重要的訊息。當時我非常忙，就把這件事拋在腦後，一擱就是幾個月。然後有一天，皮特又打電話給我，問能不能把我的電話給這位女士，讓她打給我。我同意了，這就是我和瑪莉安（Mary Ann Schinfield）認識的因緣。瑪莉安是個非常不尋常的女人（我曾在《生命之花的靈性法則》中提過）。

瑪莉安是一個全盲的人，嚴格說起來她根本沒有眼睛，什麼都看不見。不過，她卻能在沒有任何外在協助之下如常生活，甚至可以看書、看電視。

美國太空總署的科學家曾經對她進行一連串測試，想知道她是如何「看見」的。他們把瑪莉安安置在太空總署某個房間，然後問瑪莉安在她腦海裡看到了什麼？瑪莉安告訴太空總署的科學家（一如她事後告訴我的那樣），她正在太空中穿梭，能夠看到太陽行星系統內發生的一連串事件。更有趣的是，她說其實當時她被這個太陽行星系統困住了，所以沒辦法離開。

當然，美國太空總署並不相信她能夠「穿梭於太空中」，所以他們接著又做了一個測驗，來看看她有沒有說謊。他們要求瑪莉安坐在一個人造衛星旁，請她讀出上面的訊息；我不很確定他們要她讀的是什麼，可能是某種序號之類的，但是瑪莉安能夠完全正確地讀出所有訊息。從那時開始，瑪莉安就屬於美國太空總署了。他們從此不再放她走，持續用她來幫他們做一些事情。我不認爲我會跟美國太空總署玩這樣的遊戲，但是瑪莉安顯然這麼做了。

不管怎麼樣，某天她打了電話給我，我們就開始了每週的固定通話，持續了好幾個月。我發現她了解現實的方式非常有趣，她是去感知在她腦海裡所產生的一連串意象。她從來不認爲那些意象是如我們所認爲的那般「眞實」。我們每個週末都通電話，內容包羅萬象，幾乎能想到的話題都聊了——通常都是從她見到的「影像」開始聊。

兩個月後的某一天，瑪莉安問我，有沒有興趣透過她的眼睛來「看」。我毫不猶豫便答應了，並問她該怎麼做。她回答：「你只要躺在床上，並讓房間盡量保持黑暗就好。」

我太太克勞黛也一起在聽我們的對話，這時她就去把臥室的窗簾全部拉下來，並把所有燈都關掉。這是個新月當空的深夜，外頭本來就非常暗，當克勞黛把燈都關掉後，眞的是伸手不見五指了。

接著，瑪莉安指示我去拿枕頭墊在電話聽筒下方，這樣我就能把手空出來。我照做了。接著我就在一個完全黑暗的空間中，閉著眼睛，等著看會發生什麼事。我還記得我的心因高度期待而忐忑不安，因爲我知道我將要經驗一些很特殊的事。

大概一分鐘後，瑪莉安問我有沒有看到任何東西。但是沒有，我什麼都沒看到——除了平常閉起眼睛時所看到的一片漆黑。接著又經過了大概五分鐘，瑪莉安再度問我看到什麼，我仍然什麼都沒有看到；再經過一段不算長的時間，突然間，就像有個開關瞬間被打開一樣，一個影像跳入了我的內在視野：它就像是電視螢幕，看起來眞實到令人難以置信。

但它就在那兒，我內在的眼睛開始不斷來回審視這個內在電視，因爲這是我此生從來沒見過的景象。瑪莉安似乎感知到我已經和她連上線，便說：「你現在可以看到了，是嗎？」我只能夠回答：「噢，是的，這是什麼啊？」瑪莉安回答：「這只是另

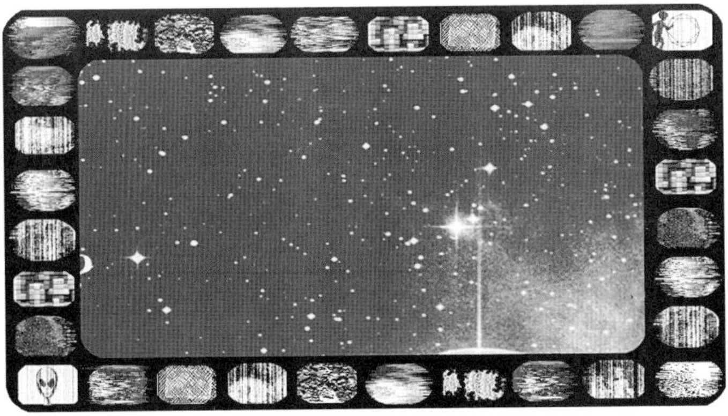

內在螢幕

一種看的方式，你有沒有看到這大螢幕周圍還有很多的小螢幕？」

在內在視野的中央，我看到一個很大的螢幕，看起來離眼睛約三十五公分，而且周圍圍繞著許多小螢幕，上下各七個，左右各六個；每個小螢幕上都出現快速移動的影像。

瑪莉安要我去看右上角的螢幕，而且只注意看這一個，我照做了。這個螢幕中出現很多動物的影像，同時混雜著一些幾何圖形。譬如說，我可以看到一隻狗後面有一棵樹，加上一個方塊；或者一隻狗後頭跟著一朵花，加上一個八面體或各種不同的幾何圖形。它持續不斷用這樣的方式呈現，而且影像移動快速到我的心智幾乎跟不上的地步。瑪莉安告訴我，這個小螢幕顯示的是她的身體四周所發生的事，而這也是她雖然全盲卻能夠「看見」的原因。這眞是太不可思議了！

接著瑪莉安請我去看左下角的小螢幕，同樣也顯示了許多快速移動的影像，不過看起來都很奇怪，包括看起來不像是人類的生物，有時甚至會出現海豚。瑪莉安說，這是她跟太空與其他次元「兄弟姊妹」的溝通系統——她指的是外星人！

我根本還來不及思考眼前所見之物，瑪莉安就要我去看中央的大螢幕，並告訴她我看到了什麼。我發現自己像是從大窗戶往外看：一切看起來都那麼眞實，完全不像是在看電視螢幕——我見到遼闊深邃的太空和成千上萬顆星星。我從來沒有看過像這樣滿布天際的星星，同時「感受」到太空那無窮盡的深度。這一切眞是讓我興奮無比！

那段時間，美國太空總署科學家正跟瑪莉安合作，請她幫忙追蹤正朝木星撞毀的「舒梅克—李維九號彗星」的二十一個碎片，當時是一九九四年。彗星的碎片正隨著太陽軌跡移動，而那時正是它們差不多要結束在天文歷史上戲劇性的命運——撞上木星表面的時刻。

瑪莉安告訴我：「德隆瓦洛，我們現在要向右轉了，你的身體會感受到，但是別管它。」幾乎是立刻，我就感受到我的身體往右方彎去，當然實際上我只是躺在自己的床上。這時螢幕上的影像開始改變，我感覺自己好像在太空梭裡面，而這個太空梭正以順時鐘方向旋轉。

而那兒，就在我的正前方，正是全世界都在從遠距觀察的彗星碎片；我覺得我們距離這個被煙塵和碎冰包裹的閃亮火球不超過十二公尺。它閃閃發亮，靜靜站在那兒；我目不轉睛注視著這個「東西」，好像在看電影一樣。終於，瑪莉安說話了：「目前我正在跟太空總署合作，他們需要我回答彗星碎片的一些問題，我希望你能夠看見我看見的，你覺得怎麼樣？」

我的注意力幾乎立刻就轉向這個經驗的另一個層次。我了解到瑪莉安和我正以和所有人類相同的視覺方式在看——也就是往前看，除非轉身，我們看不到後面。從我過去和不同生命型態的工作經驗中，我知道有些外星人擁有球狀視野，也就是說他們能夠同時看到所有的方向。

我問瑪莉安：「瑪莉安，在妳背後的是什麼？我並不是指妳所觀察到的現實狀況，而是指在比較高的實相當中。」她說她不知道：「你知道我從來都沒有眞正看過，我也從來沒有想過這件事。」我問瑪莉安是否允許我來幫她看，她同意了。所以我告訴她，當我往後看時，請她保持不動。

然後我就轉過身來幫她看。那景象眞的嚇到我了，即使經過這麼久再回想，我還是覺得怪怪的。瑪莉安擁有非人的覺知，在她背後是四次元空間，她的前面則是三次元空間，所以她的意識可以同時連結兩者。直到那時，我都不知道這是可能的。

以言語來描述這個經驗幾乎是不可能的，除非一個人有過這樣的四次元空間經驗，所以我只能說，她背後的覺知是極爲獨特的。這位女士的不凡遠不僅止於她能無眼而「視」，我認爲她顯然不是從地球來的；我肯定要是有人可以從她的DNA中取樣，一定會顯示出異常，並指出她絕不是源自地球的生物歷史。

我繼續和瑪莉安通了兩個月電話。在我體驗過她的螢幕後，她希望我們能夠只用意象和象徵來交談，而且她要求我記錄下來。正如她中央螢幕右上方的那個小螢幕所顯示的，她的溝通方式總是以生物形象混雜著幾何圖形。但不知道爲什麼，我總是能了解她要說的話，即使有些東西對我的心智來說是難以理解的。

直到有一天，我們的關係看起來已經告一段落，便互道再見。我當時還在想，因爲這個經驗如此不同於我過去的經驗，我決定暫時擱下並歸檔進我的「神祕檔案」，期待將來有更多資訊或更新知識時，能夠把這些資訊跟其他資訊做連結。事實上我也並沒有懷抱任何希望，只是把這一段經驗加入我個人生命的神祕檔案中，繼續過我的日子。

中國的超靈力小孩

我知道我在《生命之花的靈性法則》裡已經談過這個主題，但我覺得這些訊息還滿重要的，因此爲了沒有讀過那本書的讀者，我在這裡把這段經驗再複述一次。

一九八五年一月，我在《Omni 雜誌》上看到一篇文章，談到中國有一些具有特殊能力的超靈力孩童。因爲文章刊登在這麼著名的雜誌上，我滿懷好奇地讀了內容。我看完文章，覺得顯然是中國政府邀請了《Omni 雜誌》記者到中國去研究這些超靈力孩童。中國政府宣稱那些孩子在眼睛被矇起時，能用身體的不同部位來看，包括耳朵、鼻尖、嘴巴，甚至舌頭、頭髮、腋下、手和腳。

中國在一九七四年發現了第一個這樣的孩子，他可以用耳朵「看」。這個孩子被嚴密地覆蓋住眼睛之後，仍然能夠看，只要他把耳朵朝向他想看的東西，他就能夠「看」。接著，中國政府又陸續發現了其他孩子，多半是十四歲以下，他們能夠用身體的不同部位來看。

這件事顯然引起了《Omni雜誌》編輯的興趣，於是他們在一九八四年派了研究團隊到中國去研究，而中國政府安排了一群孩子來讓他們測試。文章裡強調，爲了力求眞實，這些測試都是在非常嚴謹的狀態下進行的，就好像中國政府暗地在一旁監看那樣。

《Omni雜誌》研究團隊做的其中一項測試是拿來一大疊書，隨機從中選擇一本，再隨意撕下一頁，在任何人能看到之前快速將書頁揉成一團，然後放到隨機選出的孩子的腋下……一遍又一遍重複，這些中國孩子都能完美正確地把這一頁念出來。這怎麼可能呢？研究團隊也無法說出個所以然來。經過以不同方式不斷地測試之後，他們只能說，這些現象看起來絕對是眞的，而不是靠某種特殊的障眼法。

可以用手和腳來看東西的英姬

我在《生命之花的靈性法則》第二冊也提過，當我一九九九年在科羅拉多州丹佛市進行某場演講時，英姬（Inge Bardor）展示了她用手和腳來看的能力。

我是在墨西哥教導梅爾卡巴靜心的一個四天工作坊中遇見英姬的。在工作坊的第三天，我在課堂上談到中國的超靈力孩童，能夠用身體的不同部位來看。突然間，一位十八歲的年輕女孩站起來說：「德隆瓦洛，我也能辦到。在我的眼睛完全被矇住時，我也可以用我的手和腳來看，要不要我表演給你看？」這當然完全出乎我意料之外，不過我還是很高興，邀請她在約一百人的團體面前表演。

於是身穿一襲白色衣著、相當美麗的英姬便走上講台。她很快詢問了在場的觀衆，有沒有人不相信她能夠做到這件事。有兩位年輕人站了起來。

英姬邀請這兩位年輕人到台上，請他們把兩張面紙摺起來，以某種方式蓋住他們的眼睛，接著英姬用兩條長圍巾包住他們的頭部，沒有任何光可以透入，這兩位男士也確認他們完全看不到。然後英姬拆下他們的圍巾跟面紙，如法炮製地把自己的眼睛矇起來，同時請兩位男士留在台上，監看並確認她並沒有耍詐。

英姬坐在高背椅上，雙腳平放在地板上。她詢問現場有沒有人皮夾裡有照片，有位女士便從皮包裡拿出一張，英姬立刻把這張照片面朝上放著，指尖快速摩挲照片表面約三秒鐘，接著就開始向大家描述她「看到」的景象：照片中是客廳，有四個人坐在沙發上，後方牆上掛著很大的畫等等，是一張很普通很平常的照片。

英姬問：「妳要不要我告訴妳有關這些人或這間房子的任何訊息？」這也出乎我們意料之外。於是給英姬照片的女士便指著照片上的人，英姬也一一說出了他們的名字和年齡。這位女士非常驚訝，英姬怎麼可能會知道呢？於是她問英姬能不能在那間房子裡移動。

「現在我沿著長廊往右走，走到一樓左側，那就是妳的臥室。」英姬繼續「進」入臥室，然後描述了整個臥室的景象，甚至告訴這位女士她家夜燈的形狀，接著英姬「穿過」長廊來到浴室，並再次完整描述了浴室裡的狀況。這位女士非常驚訝，也確認英姬所言屬實。

這時，當初持懷疑態度的其中一位男士從位子上躍起，宣稱這都是騙局，而他可以證明這一切。這位男士從後褲袋中掏出皮夾，再從裡面抽出駕照、翻過面來交給英姬，問她：「那麼，這是什麼？」英姬毫不遲疑，把駕照先翻轉過來讓它面朝上，然後回答：「這是你的駕照啊，你想知道什麼？」男士回答：「把上面的號碼念出來。」英姬就把號碼念了出來，還包括這位男士的地址和駕照上的其他基本資料，但這位男士還是沒有完全信服。

他對英姬說：「如果妳能告訴我全世界只有我一個人才知道的事，那我就會相信妳。」英姬帶著淺淺的微笑回答：「你跟你的女朋友來上這個課，但你還有另一個女朋友在家裡，她的名字是……（英姬當場說出了他另一位女朋友的名字），而你一直祕密跟這兩位女士交往，所以她們並不知道有另一個人的存在。」說到這，這位年輕男士把駕照從英姬手中搶回來，走回跟女朋友坐在一起的位子。他的女友看起來非常沮喪，這位男士當然從此就沒有再多說一個字。

英姬繼續展現超能力，一直到大家都能夠很明白地看出，其實她能做的，遠比看到握在手中的照片要多，她甚至能夠說出攝影者的名字、穿什麼衣服，以及按下快門那一刻心中在想什麼。在場的每一個人都非常驚訝，這些都是活生生在眼前發生的，但是這怎麼可能呢？到底發生了什麼事？

（透過英姬，我知道靠近墨西哥市有兩所學校，專門教導這些特殊的孩子如何用身體的不同的部位來「看」，以及其他超能力。光是英姬本人，就知道至少有一千名墨西哥孩童擁有特殊的觀看和感知能力。）

* * *

之後英姬和她的母親艾瑪到亞利桑納州來拜訪我們，也和我們共住了幾日。我們決定來嘗試一些超能的測試，我們覺得能夠這樣子直接探究人類的極限非常有趣。很多人相信這些事情只是自我催眠，但我曾親眼目睹，我的孩子米亞和瑪莉（當時分別是七歲和八歲）也在場。

起初有好幾個小時，米亞都只是安靜坐著，看著英姬如何不透過她的眼睛來「看」東西，到最後米亞實在忍不住了，就跟英姬說：「我也要這樣做！」英姬看著米亞的眼睛說：「米亞，每個人都能夠做到，妳想要像我這樣子看嗎？」

米亞興奮地跳上跳下，說：「我要，我要！」於是英姬就把她的面紙和遮眼布拆下來放在米亞的眼睛上，一邊調整一邊問米亞是否還看得到，直到聽到完全看不到爲止。然後英姬翻過一疊又一疊的雜誌，翻了幾分鐘才找到她要的照片，那是一張跨頁照片，裡頭有隻犀牛正走過藍色的河流，看起來似乎是在非洲拍的。她把這本雜誌放在米亞腿上，然後把米亞的手放在照片邊緣，讓米亞知道照片的位置。接著她就指示米亞，說：「妳就朝黑暗中看。」幾分鐘後，英姬問米亞說：「妳看到什麼了嗎？」米亞說：「我什麼也沒看到，都黑漆漆的。」英姬叫她繼續看，大概再過五分鐘，她更貼近米亞，還把手指放在她的肩膀上。幾乎是立刻，米亞就大叫：「英姬，我看到了！那是一張照片！裡面有一隻犀牛穿過一條藍色的大河！」雖然米亞無法正確發出「犀牛」的音，但是我們都知道她在說什麼。

顯然米亞現在也能夠像英姬一樣「看」了。我問英姬：「妳剛才是不是碰觸了米亞肩膀上某個特別的點？」英姬說沒錯，還說她相信自己剛才是爲米亞扮演了類似天線的角色，所以米亞能夠看到。她在學校裡學習如何做這件事時，她的老師第一次也是透過這個方式來幫助她「看」。

有次英姬和我閒聊，我問她：「妳在腦海中『看』的時候，到底看到了什麼？」不知道爲什麼，英姬看起來好像有點遲疑，但我繼續追問，最後她回答：「好吧，因爲這聽起來很奇怪，所以我不太想談。我在腦海中看到的是很像電視的螢幕，有很多小螢幕圍繞著中央的大螢幕，告訴我很多有關大螢幕的訊息。」

我完全沒料到英姬的答案會是這樣！但她這樣回答時，我就像被平底鍋敲到一樣，有關瑪莉安的記憶瞬間湧向我的腦袋。我完全知道英姬在說什麼，只是我從來沒有把瑪莉安的內在螢幕跟這個超靈力女孩連在一起。我好幾分鐘說不出話來。

這意謂著我必須重新分析我對超靈力孩童的理解。這是眞的嗎？所有的超靈力孩子都能夠看到內在的電視螢幕？照英姬的說法，在墨西哥至少就有一千名孩子能看到。

能讓花苞瞬間綻放、硬幣穿瓶而入的孩子

就在我跟英姬合作實驗的這段期間，我讀了保羅·東（Paul Dong）和湯瑪士·拉斐

爾（Thomas E. Rafill）合寫的《中國的超靈力小孩》（*China's Super Psychics*）。書中宣稱，中國政府已測試了逾十萬名能夠不透過眼睛來看東西的超靈力孩子，同時設立了一間專收超靈力孩童的學校。當他們找到具有特殊潛能的孩子，就讓他們做一些特別的訓練。事實上，他們是同時教導並研究這些孩子，希望能夠解開這些擺在我們眼前、令人不可思議的謎團。

保羅記錄了這些中國孩子如何展現各種不可思議的超靈能力，爲了證實沒有作假，所有測試都是在中國科學家小心控制的實驗環境下進行的。

以下是其中一個實驗：他們在空曠的房間中央，放了一張空無一物的桌子，並在周圍裝設錄影機來記錄實驗過程，一些經過訓練的科學家也在場監視整個房間裡的動作。其中一位科學家把密封的瓶子放在桌子中央，瓶子裡放了一些類似維他命的藥丸，然後把銅幣和小石頭之類的東西放在桌緣。孩子能走近這張桌子，但是保持無法觸摸到任何東西的距離。透過孩子的超靈力，瓶中的藥丸便能穿過密封瓶落到桌面上，而本來放在桌緣的銅幣或小石頭，也能穿過密封瓶的瓶壁進入瓶內。這顯然不是什麼特別了不起的技能，因爲大概有超過五千名中國孩童可以在一群政府科學家的監雜誌，因此可以說都是經過廣泛研究、並詳實記錄的事蹟）。

我打電話給住在加州的保羅，談了大概兩個鐘頭。在我們談話接近尾聲時，我問了他一個我一直都很好奇、很想知道答案的問題：「保羅，這些中國超靈力孩子的眼睛被矇起來的時候，他們的腦袋裡到底看到了什麼？」起初保羅也像英姬一樣顯得很躊躇、閃爍其詞，說這說起來有點怪，然後馬上轉移話題。最後在我持續約十分鐘的追問之下，保羅才敢回答：「德隆瓦洛，我從來沒有眞正看到他們看到的東西，但是這些孩子告訴我，他們腦中看到的是一個內在電視螢幕，這個螢幕會呈現出影像。」我立即接著問在這個中央大螢幕周圍是否有很多小螢幕環繞，保羅回答說他不知道，孩子們並沒有告訴他。

現在我知道中國的超靈力孩童也看到了這個內在螢幕，但是我不能確定是不是相同的電視螢幕。不過這已經讓我夠興奮了，或許這些偶遇事件並非偶然，而是一種全球現象，也讓我更想找出事情的眞相。

超靈力在莫斯科——連希拉蕊也前去一探究竟

網路心靈雜誌《瑪特靈魂》（*Spirit of Maát*）的一位俄羅斯籍記者卡斯提亞，在讀到我的一篇有關超靈力孩童和內在螢幕的文章後，告訴我莫斯科附近也有一間超靈力學校；在那兒，孩童被教導如何去看這個內在螢幕，而且這間學校對外宣稱他們還有驚人的發展，如果他們說的是眞的，世界可能從此就會徹底被改變。

這些孩子不只能夠看到內在螢幕、因此可以不透過眼睛去看東西，甚至可以做到只要把書拿在手上幾分鐘，整本書的內容就會印在他們的內在螢幕上；只要書籍進入他們的內在螢幕，這些孩子可以就像電腦螢幕那樣捲上捲下，看書裡的內容和圖片。更厲害的是，這些孩子還可以立即知道整本書的內容。

這所學校名爲「人類發展國際學院」，是由一位叫作維克斯拉夫的人所成立的。這間學校的名聲跟成就，顯然很快就傳到了華盛頓。希拉蕊在柯林頓擔任總統時，就曾飛到莫斯科，想親自觀察這所學校。希拉蕊在這個學校學到了什麼？誰知道，也許這就是她後來能成爲紐約州參議員的原因。

幾個月後，卡斯提亞又告訴我，其實莫斯科還有兩所學校也在進行超靈力訓練，但是用不同的方法。那時我才發現，這個主題涵蓋的範圍其實比我原本想像的要大許多。

一九九九年，我也親自去了一趟莫斯科。我受邀到克林姆林宮，向莫斯科俄羅斯科學院成員進行一場關於「梅爾卡巴」的演講。我也向他們詢問有關超靈力孩童的事。有位成員向我坦承，俄羅斯的確有好幾千個這樣的孩子，現在大概差不多都已經三十歲左右。俄羅斯政府對這些超靈力孩童的研究，差不多跟中國政府一樣長，從一九七〇年代初期就開始了。我恍如大夢初醒，我原本還以為瑪莉安是特殊的個案呢。

保加利亞的超靈力孩子

我相信大部分人都知道崔曼（James Twyman），他常被稱為「和平遊唱詩人」，雲遊世界唱著和平之歌。每次崔曼吟唱和平之歌，國際間的主要和平活動就會展開。幾年前，崔曼跟我的朋友布萊登（Gregg Braden）一起來我家。我們在談話中聊起了超靈力孩童，但是那時崔曼對這些孩子基本上並沒有什麼特別的經驗或了解，時間就這麼過去。

之後的某一天，崔曼也被捲入超靈力孩童的生命經驗中。當時崔曼到某人家中去進行一場小團體的演講，起初只有成人參加，但是在開始講演不久，就有一個年約十二歲的男孩進來，而且直接就坐到第一排，正對著崔曼。

這個叫作馬可的男孩吸引了崔曼的注意。不久，他就發現他好像只是單獨對著這個孩子在講話；然後，他們就直接對談起來。在談話中，這個小男孩不知道對崔曼做了什麼，崔曼立刻就看到了他的內在螢幕。崔曼之前從來沒有這樣的經驗，但是他想起了我們之間的對話，所以那天晚上他就打了電話給我，和我討論這個奇妙的事件。

這一樁小事件，也帶領崔曼進入一趟驚人的冒險。他在一本叫作《愛的密使》的書裡面寫到他如何來到保加利亞（也就是馬可的家鄉），然後被帶到高山頂上的修道院，裡頭有很多修士正在訓練孩子透過身體的不同部位來看東西。

崔曼和這些保加利亞的孩子現在就是透過這種心靈感應的方式來溝通，主要是世界和平這個議題。他們主要的訊息是：和平其實活在我們每一個人的心中，而我們每個人都是「愛的密使」。如果從這個基本了解出發，他們想要問我們一個問題：「如果我們知道每一個人都是愛的密使這個事實，那麼我們以後要怎麼過我們的生活呢？」他們告訴我們：「就從現在開始。」

有件事對我來說已經愈來愈清楚：能夠在黑暗中看見是一個事實，雖然我並不能說已經完全了解其所以然。**我學習到人可以用眼睛和心智，透過光來看，也可以用身體其他部位，透過黑暗來看；我同時也學習到我們每一個人所能看到、了解到的比一切事物表面所呈現的要多許多。**

這些事情將把我帶向何處，當時我真的不知道，但是我一直全心相信宇宙大能，我知道每件事都是本自圓滿、本自俱足和完美的。我知道我只要耐心等待、敞開覺知，眞理便會自我顯化。

第三章

向原始部落學習

考古學家一直無法找到人類共同語言的遺跡，爲什麼呢？我相信那是因爲那個語言並不是一種用文字來說或寫的語言，而是一種從我們心中所發出的聲音。只有當人類再次把心打開，才會憶起這個語言，萬物也才能再次重新連結。

當超靈力孩童的經驗在我生命中發生之際，另一條與「在黑暗中看見」相通連的道路，也在這時串連了過來。起初這些關聯都十分隱微，最終卻同時指向一個重要的方向：我們內心深處的那個神祕空間。所有不可思議的影像都在這裡產生，使超靈力的孩子能夠看見、知曉。

逐漸的，世界各個角落的原始部落也一一出現，各自為這個偉大的祕密提供了一小塊拼圖，也不斷推動著我逐漸憶起自己的古老靈魂。很多原始部落的原住民告訴我，他們希望能夠透過我，使這個高科技世界走向全球和平與環境平衡。

澳洲原住民長老的支持

一九九〇年代中期，我應澳洲「鯨豚研討會」之邀去做專題演講。一抵達昆士蘭，我就沉浸在大堡礁的宏偉美麗之中。大堡礁總長超過一千五百公里，眞是個美麗的奇幻世界！

數以千計的人從世界各地來到這兒討論海豚跟鯨魚，當然也討論和世界環境相關的其他主題（若人類不改變目前的生活方式，海豚、鯨魚和很多生物就要逐漸絕種了）。

那段時間我剛好在測試R-2機。最後發現，只要能夠跟大地母親連結，任何人都可以運用他／她自身的光體（即梅爾卡巴）來改變環境。我對這個概念非常興奮，也很了解聽眾的素質，所以輪到我上台演講時，就從非常個人的觀點來談論這個主題。我強調，一個人的思想和情緒可以創造他的外在世界，只要我們能在心中和大地母親連結，一切都是可能的，包括用人類的光體來淨化環境。

演講結束後，我步下講台，向教室後方走去，等待下一位演說者上台。但是我在途中就被五、六個看起來像是原住民的長老攔住，指示我坐到他們的圈圈中。我不假思索，照做了。

這些長老讓我坐在他們中間，告訴我，我是他們見到第一個能夠說出他們所知眞理的白人。他們告訴我，大地母親爲他們提供了一切所需，生活完全不需要掙扎；他們也告訴我，這個世界是純然的光，而人類的意識層次遠比目前大多數白人所能了解的要寬廣許多（他們認爲白人是人類意識的突變，所以還像小嬰孩一樣，正在學習這個外在世界）。長老也告訴我，只要我同意，他們願意在我的澳洲行程當中支持我。我當時其實並不很了解他們所謂的「支持」是什麼意思，但是我欣然同意了——不管怎麼說，他們的確是我們的長輩。

會後，我接著去了澳洲幾個城市演講，包括布里斯班、墨爾本跟雪梨。每次我開始演講前，我都會朝聽衆看去，然後就會看到這些長老坐在教室最後一排，圍成一圈，輕聲吟唱。有些場次聽衆超過一千人，但是這些長老的吟唱所發出的能量是如此強大，我幾乎能夠感受到歌聲在整個房間裡穿梭流動。我不知道他們是如何找到我的，甚或他們是如何旅行來到這些大城市的，因爲他們都沒有車。但是不管多遠，他們總是會在場。

記得離開「鯨豚研討會」的小圈圈時，那些長老告訴我的最後一句話是：「你在創造的時候，要記得黑暗和心。」但在那個時候，這句話對我來說並沒有什麼特殊意義。

來自毛利人的祈禱威力

在我從澳洲回到美國不久，紐西蘭原住民瓦塔哈毛利人的精神領袖麥基（Waitaha Maori）問我，是否能到我家拜訪。他是透過美洲印第安人瑪麗（Mary Thunder）向我提出這個請求的。瑪麗打電話給我，也答應開車把麥基載到我家。這件事聽起來還滿有趣的，雖然我一向跟這些人沒什麼接觸，也完全不知道他要跟我談什麼，但也沒有拒絕的理由。於是有一天，瑪麗就開車把麥基和他幾個助手帶到我家。瑪麗是印第安夏安部落的一個老祖母，是個很棒的人，那次之後我跟她一直保持著友好關係。

麥基也讓人印象深刻，他大概有一五〇公斤重。他帶來了部落中的一些年輕人，也帶來許多他覺得這次拜訪會用到的聖器。有些器具大概超過四十五公斤，我不太記得到底是什麼，只記得非常重，有些一個人還搬不動。

開始談話前，這些聖器便一一安置在我們周圍。我們的談話很快就指向一個主題：這個世界的存活問題。身爲現代世界的公民，我們必須再度憶起我們的古老智慧，才能繼續存活下去。麥基明確指出，如果某些古老的溝通方式能夠被憶起，將會改變現在這個世界中的每一件事。不知道爲什麼，我很清楚他在說什麼，這是他此行要傳達的主要訊息。我們大概交談了四個多鐘頭，涵括很多不同的主題。離開之前他告訴我，他要派部落裡的一個人來看我，希望我能等他。我不知道他這麼做的理由，但是我立刻就同意了。

* * *

我跟家人住在亞利桑納州，幾年後，正準備從瑟多納搬到洞溪，我吃力地把一個又一個箱子搬上租來的貨車（你簡直無法想像我和克勞黛婚後新添了多少東西，我們初次相遇時，她所擁有的只是一間屋子的必需品，我也是）。

正當我在貨車和房子之間來回奔波，不斷從家中把一箱又一箱物品搬到車上時，一個我從來沒見過的年輕人向我走來，說：「嗨，你需要我幫忙把東西搬到車上嗎？」這個年輕人看起來大概二十八歲，一口標準的加州腔，穿著藍色的牛仔褲和乾淨的白T恤，臉上掛著大大的微笑。我心想他有可能是我以前住在加州的鄰居，當時是小孩子，現在長大了。

我告訴他：「不用了，我沒問題，只剩下一點點了。」事實上，我很需要他幫忙，但我不想要把重擔強加在他的友善上頭。他直直看著我的眼睛，眞誠溫柔地堅持著：「眞的，反正我現在沒事做，幫助你會讓我很高興。」我如何能拒絕這樣的好意呢？

所以我們就一起搬東西。過程中他沒有說什麼話，只專注在他的工作上。我們便在近乎靜默的狀態中，一起工作著。當東西全部搬到小貨車上後，我謝謝他，並問他有什麼我可以爲他做的，他說：「沒有，但是幫你把貨車上的東西搬到你的新家的話，我會很高興，可以嗎？」我完全無法相信有人會這般慷慨，便回答：「喔，不必了，那眞的太麻煩你了，不過還是謝謝你所做的一切。」再一次，這個年輕人又看進我的眼裡，說：「請讓我幫你，你會需要我的幫助的，我現在眞的沒什麼事要做。眞的，沒問題的。」不知道爲什麼，我覺得好像以前就認識他，有點像是心靈兄弟之類的，所以我就同意了。「好吧，上來吧，但你眞的是瘋了！」

開到新家大概需要兩個半小時，所以我有充分的時間來問他問題。在幫我搬箱子的時候，他幾乎是完全沉默的，但現在他置身這部租來的老爺貨車裡，可無法繼續保持沉默了。

當我們一駛離瑟多納，我就問他是從哪裡來的，我期待他回答「加州」。但是並沒有，他回答：「紐西蘭。」然後就沒有再多做解釋。我看著他，非常驚訝地說：「我以爲你是從加州來的，你在加州已經住了一陣子了吧？」年輕人並沒有回頭看我，只淡淡回答：「嗯，沒有，這是我第一次來美國，我大概是兩週前到的。」

我聽了立即把頭轉向他：「那你是在哪裡學到這麼完美的加州腔呢？」他的回答更嚇了我一大跳，他說：「喔，我大概是三週前開始學的，我的部落教我的。」我的好奇心立刻被勾起：「什麼？你只花了不到一個月？」年輕人回答：「是的，這很容易。」

然後，我還來不及從他不可思議的回答中回過神，他便繼續說：「你還記得麥基嗎？是他派我來的。」我已經完全把麥基忘了，也忘了他說過要派一個人來找我的事；所以在這樣完全不設防的情況下，我甚至無法回答：「你是開玩笑的吧？」當然這麼說也很荒謬，沒有人可能會說他是被麥基派來的——除非他眞的是。因爲這件事除了我，沒有別人知道。

我立刻了解到，我現在處在一個很特殊的靈性經驗裡，覺得身體的能量似乎也開始改變了。我轉向他說：「你是怎麼找到我的？」他的回答聽起來很理所當然，「這很容易，我只是跟隨我的心罷了。」

他停頓了一會兒，繼續說：「事實上呢，我必須要先去霍皮族那裡，我的部落跟霍皮族正在交換預言，我被選派到他們那裡去；之後，我就被指示來找你。所以我先去了霍皮族那兒，我能告訴你在那邊發生的事嗎？」好像我會制止他似的！於是他跟我說了一個沒有人會相信的故事，但是如假包換，以下每一個字都是他親口說的。

他換了個姿勢，略爲轉身面向我，開始說：「我是在深夜到達第三台地的，但是霍皮族似乎知道我要來，所以已經準備好我住的地方。第二天，他們把我帶到慶典專用的地穴，我們就在完全的黑暗中待了三天三夜。若要傳達簡單的請求，他們會說西班牙語，我聽得懂，但他們多半是透過內在的意象傳達訊息給我，包括他們所揭示的預言，我也同時回應了我們族人對於未來的看法。第三天晚上，他們交給我一個陶罐，問我覺得怎麼樣。

「其實，我一開始對這個陶罐沒什麼感覺，但連續抱了幾小時後，一種了然突然像海浪般湧向我，影像一個接一個出現。我看到幾百年前，我也是霍皮族一員，而我正是這個陶罐的製作者；我同時也想起，當時我如何刻意地把一個意象灌注在這陶罐裡，讓幾百年之後的我能夠憶起。

「在這些連續影像當中，我憶起了關於我自己和我在霍皮族生活時的一切，能夠憶起這些事眞是讓人興奮和訝異！我也瞬間憶起了如何說霍皮語，從那時候開始，我和霍皮族人就只說霍皮語了。這件事大概發生在三天以前。」

對這樣的事，你能說什麼呢？停了一會兒，我問他：「那你能不能告訴我，你們在交換的預言中看到了什麼？」他看著我，似乎很想告訴我，卻只回答：「很抱歉，我不允許跟任何人談論我們的預言。」

於是我們的交談就慢慢轉向他到達美國後的尋常經驗。他覺得美國是個滿特別的地方，以居住來說，我們都太遠離自然和眞實了，而電視這玩意兒，他認為是一種「頭腦的自慰」。

我們很快就抵達目的地。當我把貨車開上新房子的車道，他又再度變沉默，只是專注地卸下一箱又一箱東西。搬完所有箱子後，他問我，在我們回瑟多納之前，能否允許他在我們的新家進行儀式。不久，這個儀式就爲我們示現了祈禱的威力——特別是來自心的祈禱。

我們新家的土地是近乎完美的五邊形。我的毛利朋友問我，他能否在這五個角上禱告，我說當然可以。然後我們就一起走到房子的每一個角落，他在每個角落誠心祈禱：「親愛的上主，請聆聽我爲我的朋友德隆瓦洛所作的祈禱。」他祈請所有動物都能在這塊土地上找到棲所、住在這裡的所有人都健康快樂、不會受到傷害，而且沒有任何人能把這塊土地從我們身邊搶走——當然，祈禱文裡還有其他話語，不過這些是其中的精髓。

我們開車回瑟多納之後，他看進我的眼睛，並給了我一個大大的擁抱後就離開了，我從此沒再見過他。

我們搬進新家後，我太太跟我都注意到，各種各樣的動物開始移民到這塊土地上。我們的房子有一千坪大，其中一半蓋了房子，剩下的地方並不是很大，但是有很多平常絕對不會靠近人類的動物，像是麋鹿、野豬、土狼之類的，都一起睡在房子的四周；事實上，土狼一般是睡在地裡面的——而動物們就這麼睡在一起，相隔不到三十公分。我們常開玩笑說這個毛利人的祈禱把這麼多動物都帶到我們的土地上，還包括數不清的各種蠍子、毒蛇、響尾蛇和毒蜥蜴，但這屋裡卻沒有任何一個人曾被咬過或傷害過。

三年半後，我們打算搬家。原來這個家位在很不錯的區域，所以房屋仲介非常有信心，告訴我們房子在兩週、最多三十天內一定會賣掉；但經過了一整年，數百個有興趣的買家來看過，這間美麗的房子還是無法賣出去，我們真的不知道該怎麼辦。

有天晚上，克勞黛從夢中醒來，對我說：「德隆瓦洛，記不記得那個毛利人曾說，沒有人能把這塊土地從我們手上搶走？喔，我們得破解這個禱告的力量，不然這房子怎麼樣都賣不掉了。」於是第二天，我們兩個就一起走到這塊土地的五個角落，稍稍修改了毛利朋友的禱告詞。房子五天後就賣掉了。

光體讓原住民預言失準

高基村

當我有機會接觸到高基族（Kogi），我從原始部落的學習，除了靈性和人類潛能外，又往前邁進了一步。他們的教導爲我開啓了「在黑暗中看見」的靈性概念。沒有他們的協助，我可能永遠都沒有辦法找到心的祕境。對他們無私的協助，我永遠感激不盡。

在我剛完成美國馬里蘭州的「地／天工作坊」時，有個年輕的白人男子向我走來，告訴我他是來自南美哥倫比亞、內華達山脈的高基族，他要替瓜地馬拉的馬雅族傳遞訊息給我。我聽著他繼續說，雖然我從來沒聽說過高基族的名字。

他向我解釋，爲了躲避十六世紀西班牙

高基族

宗教法庭的迫害，高基族逃到內華達的聖瑪爾塔山上，是少數殘存的部落之一。因此他們與世隔絕，得以維持原來的文化和宗教信仰，即使到今天，他們仍然過著和一千多年前幾乎完全一樣的生活。

在他們的部落裡，有一小群人被稱作「嘛嘛」（the Mamas）。高基人相信嘛嘛並不是人類，而是維持世界生態平衡的某一種地球意識。他們相信，要不是有嘛嘛，地球早就滅亡了。嘛嘛同時也是高基族的宗教領袖，正如耶穌被基督徒、穆罕默德被穆斯林所尊崇一樣。根據這個年輕人的描述，嘛嘛在完全的黑暗中也能看見，他們藉由內在視野和大地之母（他們稱之爲「愛露娜」

〔Aluna〕）的連結，守護著世界。

非常有趣又令人難以置信的是，在高基部落裡，當一個小嬰孩被認定爲嘛嘛的候選人，便會被帶到特別的地方接受特殊的訓練和教導。在古時候，這個地方是完全黑暗的洞穴；現代這些小嬰孩則被帶到一個以自然材料建造、完全不透光的屋子內。在完全黑暗的環境裡，這些小嬰孩會被餵食白色食物；當他們慢慢長大，屋內便允許透入些許微光，讓孩子不至於變瞎。這些小孩會接受最特殊的靈性訓練。在長達九年的時間中，這些孩子會在完全的黑暗中學習不靠眼睛來看，就像世界上其他地區的超靈力孩童一樣。滿九歲時，孩子才會被帶到陽光下，學習如何用眼睛來看。很難想像那將是一個怎樣的經驗！你能想像，如果到九歲才第一次睜開眼睛看這個神奇的世界，你會有什麼感覺？

接著這個年輕人告訴我，他爲什麼會被派來見我。他說，這些高基嘛嘛就像霍皮族、毛利族或世上其他原始部落，不僅能看到世界的任何地方，也能預見未來。他告訴我，在他們的歷史中，高基嘛嘛對未來的預言從未失準。根據高基嘛嘛的預言，在一九九九年八月十一日，也就是二十世紀最後一個日蝕，我們這些高科技文化人類就會進入另一個地球意識次元，而把這個自然的地球留給原始部落（這讓人聯想到《聖經》裡的話：「溫柔的人將繼承這個世界。」這個預言也非常像愛德加．凱西在《睡著的預言家》中說的：「在一九九八年的冬天，地球的南北極會產生位移，為地球帶來巨大的變化。」很多新時代的人相信，這意指大部分人的意識將會進入四次元空間）。

接著這位年輕人向我靠近了一些，好像要強調他即將要告訴我的話，悄悄在我耳邊說道：「在一九九九年的八月十二日，這些高基嘛嘛看到我們這些高科技文化人類仍然存活在地球上，就進入深層靜心中去看為什麼會這樣，因為這是有史以來第一次，事情並未按照他們所預言的那樣發生。」

根據這位年輕人的說法，高基嘛嘛在完全的黑暗中看到地球表面各處出現了很多光，這是他們以前從來沒見過的，所以他們進一步去探究光源；嘛嘛們發現，光是由一群已發現自己的光體（在遠古時代被稱作梅爾卡巴）的人們身上發出的。因此嘛嘛們相信，是這群人和他們的光體改變了歷史的走向。

身為梅爾卡巴科學的教導者，我深知只要每個人都能憶起自己的梅爾卡巴，再加上適當的訓練，就可以改變我們感知的外在世界。根據高基嘛嘛的說法，我們之中的某些人的確已經改變了外在的世界，創造了新的實相。這個現象，高基嘛嘛以前從來沒有看過，因爲它源自未來，而非過去。當然，如果這是眞的，代表人類天生的潛能將會有進一步的展現（高基嘛嘛並不知道我們已經知道如何使用這項能力）。

還有一個很有趣的訊息。當我開始運用R-2機、接著用梅爾卡巴來淨化空氣污染時，美國空軍曾經跟我聯繫。在私下的討論中，他們向我透露過一件非常有趣的事。其實我很多梅爾卡巴的學生告訴過我，他們啓動梅爾卡巴時，常會發現周圍布滿多架黑色直升機（我自己也看過一次），有時這些直升機會滯留好幾週、甚至好幾個月。有位美國空軍上校告訴過我，一個人的梅爾卡巴能量盤開展時，會啓動將近一萬五千人的城市那樣多的磁力脈衝；他們的衛星能夠看到這個光體、並在美國空軍的電腦螢幕上顯現。當然多年以來，美國空軍一直都對這件事保持高度關切，但現在他們逐漸了解這只是地球上新意識的覺醒。所以如果美國空軍能夠在電腦上看到梅爾卡巴能場，高基嘛嘛有什麼理由看不到呢？

這個年輕人很純眞地看著我說：「高基嘛嘛希望對你表達謝意，因爲你教導了梅爾卡巴，並逐漸在改變這個世界。」然後他就交我給一個小包裹，是用紅色棉布包裹著的一盒菸草。他說這是高基嘛嘛給我的禮物，來表達他們的感謝。我完全沒有料到會有這樣的儀式，所以我快速環顧房間，從附近的花瓶中找到一朵紅色玫瑰花，讓年輕人拿回去作為回禮，這件事就到此暫告一個段落。

年輕人離開後，我思考了一下整件事，但因為我的生活中還有很多別的事情，所以很快就把高基人拋到腦後了，那時我也沒料到以後還會再聽到他們的消息。幾個月後，在另一個工作坊結束時，同一個年輕人走向我，告訴我高基部落有訊息要給我。他說高基嘛嘛想跟我會面，並且教我一種「沒有文字的語言」。他告訴我，對高基嘛嘛來說，到美國來是非常不尋常的事，因為他們之中只有三個人離開過哥倫比亞。如果我要求，他們會想辦法來，不過他們更希望我能到內華達的桑瑪爾塔跟他們會面。

我思考了一下，進入深度靜心，詢問我的兩位天使，我是否該展開這個旅程。兩位天使都立即允許，讓我繼續探尋這個經驗。我張開眼睛，簡單回答：「是的，我想跟嘛嘛們會面。」

我可以選擇進入哥倫比亞山區，或者要求嘛嘛們來找我。看著我明年一整年緊湊的行程，我問這位年輕人是否能請嘛嘛們來，他毫不遲疑地回答：「我會幫你轉達。」然後就離開了。

在回家的飛機上，我稍微有點時間來想一下這件事，雖然我完全不知道高基嘛嘛要怎麼來找我，但我相信這對他們不是問題。我就看過原始部落的原住民，在物質世界中以常人完全無法想像的方式互動，以下就是一個例子：

位在新墨西哥州的陶斯（Taos Pueblo）部落，曾邀請我參加白人與原始部落間的創傷療癒儀典。這個儀典將由陶斯部落的「美國印第安人教會」仙人掌教派來主持，而他們也敲定這個儀典將會在某一天、太陽升出地面的那一刻開始。

當這一天到來，太陽正要從地平面升起時，三名惠喬族（Huichol）印第安巫醫來到了儀典會場，要求參與典禮。他們穿著正式的慶典服裝、頭上插著羽毛、身上繪著印第安彩繪。

吉米是陶斯印第安儀典的籌辦人，問他們：「你們是怎麼知道這個儀典的？所有參加者都被告知不可以告訴其他人。」這三位訪客說，他們正在墨西哥參加佩奧特仙人掌慶典，在靈視中看到我們在這兒舉行儀典，他們的族長就決定派他們三個來參加。

這相當不可思議，因為他們住在離美國邊境約五百多公里之外。穿越美國邊境後，他們還要再行經五百公里，才能抵達陶斯普韋布洛，所以他們總共旅行了一千公里，途中居然沒有任何人攔阻他們。他們必須越過里奧格蘭德河、穿過高速公路、爬過鐵欄杆，而他們居然能穿著正式慶典服裝，在儀式開始前五分鐘到達會場。生命和人類的潛能眞是遠比我們大多數人想像的大啊！

因此，雖然我完全無法想像高基嘛嘛要怎麼來美國，但還是耐心等著他們跟我聯絡。

跨越天涯的靈魂使者——來自哥倫比亞的女士

兩、三個月後，有天我來到離墨西哥市不遠的小城昆耶納瓦卡，主持另一個「地／天工作坊」。現場有一百多名學員，其中約有二十人來自哥倫比亞。

這些哥倫比亞人當中有一位女士，大概四十出頭，一直到我們的團體開始靈性舞蹈和吟唱的慶典之前，她和任何現代女人看起來並沒有什麼不同。這是一場「眞的」慶典，意思是，在這個唱與跳的儀式中我們會感受到神的存在。慶典一開始，這位女士突然轉了性，變得毫無拘束、原始奔放起來。她帶著強烈的律動感，盡情舞動，完全沉浸在歌唱和音樂的旋律中，此刻的她看起來就完全不像普通現代女人了。

對我來說，看著她舞動是非常美妙的經驗，但是其他哥倫比亞人顯然對她的舉動都覺得很不好意思。當這位女士在工作坊接下來的每一天，都不斷以這種強烈的風格舞動時，其他的哥倫比亞人對她就愈來愈顯現出不耐。

到第三天，當我們所有人又圍成一個大圈，手牽著手開始吟唱靈性歌曲時，這位女士又以她不尋常的方式離開她的位子、來到圈圈中央，狂熱奔放地舞動起來。差不多十五分鐘後，這些哥倫比亞人再也按捺不住，就示意我過去阻止她。其實我並不眞的想這麼做，因爲她的律動是如此的美妙。不過不管怎麼樣，基於對其他人的尊重，我就來到圓圈中央，想把這位女士帶回到我們的活動中。

當我逐漸向她靠近，她的臉轉向我，我才輕輕觸碰到她的肩膀，她就開始圍著我旋轉。她透過我的眼睛筆直看進我的靈魂，**然後她的身體就開始發出一種特殊的聲音**，音波不停環繞著我的身體，我立刻就發現我不在昆耶納瓦卡的教室中了。我發現自己置身在一群小茅屋當中，有群原住民圍繞著我，全都穿著白衣服，也全都看著我，感覺非常眞實，我甚至還看到有一隻狗跑過去。

然後我發現我已經不在自己的體內，而是在一個女性的身體之中。一種非常特別、我從來沒有經驗過的感覺像大浪般衝向我，這種感覺甚至有點類似性高潮，但它不是，我只能說這是一種非常、非常棒的感覺！當我正逐漸開始接受我周圍的現實，我發現我又回到昆耶納瓦卡的教室當中，看著這個奇異女人的眼睛。過去我從來沒有這樣的經驗：噢，那眞是一個非常特殊的經驗。

在那個當下，我只知道我想再經歷一遍剛剛那個感覺，所以完全忘記了我團體領導者的身分、而我們正在團體吟唱當中，我就牽起這位女士的手，把她帶到房間角落，讓她坐下，看著她敞開的棕色眸子說：「妳能不能再做一遍？」

這位女士微笑著，又開始發出那個聲音，於是我再次離開墨西哥的昆耶納瓦卡、去了哥倫比亞。根據團體成員的說法（當然他們後來也都停止吟唱，開始看著我們），差不多兩個鐘頭，我都完全處在意識轉變的狀態。

當我跟這位女士在一起不久後，我就了解到一件事，而且一切對我來說都變得非常清楚。事實上，我在這個女人的體內飛到哥倫比亞的那段時間，有兩位高基嘛嘛向我解釋了發生的一切。

他們說：「我們走下山來，到附近的另一個部落去拜訪一位具有特殊能力的女士，我們問她能不能夠幫我們去找你，她同意了。」

這位女士（名叫愛瑪）表面上躺在圓形茅屋的稻草床上，她的靈魂卻來到了山下，找到這位住在老式西班牙泥磚屋裡的哥倫比亞女士。愛瑪進入這位女士的體內（我不知道她有沒有得到允許），將「參加我在墨西哥工作坊」這個意念放進這位女士的腦中，讓愛瑪得以透過她，來教我「沒有文字的語言」。

更有趣的是，這位哥倫比亞女士沒有錢，也沒有護照、簽證、出生證明或任何能證明身分的文件，當然也沒有機票，但是她找到某種方式來到墨西哥、來到我的工作坊。顯然有某個特殊的人幫她買了機票，而在我離開美國之前，天使也告訴我讓她免費上課，但是她仍然沒有任何身分文件，那她是如何通過海關的呢？她是如何毫無困難地來回哥倫比亞和墨西哥的呢？我想唯一的答案就是，這一路上都沒有人「看見」她吧？

我從愛瑪發出的特殊聲音中學到的，遠超過高基嘛嘛帶給我的空間轉換經驗，藉著這個新能力，我得以走在高基族的土地上，而且還是在一個女人的身體中；周圍環繞著許多嘛嘛巫醫，我知道他們都知道在這個女人身體中的是我，所以這些巫醫一個接一個靠近我的臉，並發出這種特殊的聲音。

每當他們發出這個特殊的聲音，我就會立刻不見，到另一個現實中，在那兒他們開始教導我他們的歷史、文化和宗教信仰。

在這個非常眞實的經驗結束後，我自然就了解了我所借用的這位女士的一切。我知道她的先生、她的三個孩子，就好像他們是我的家人一樣。有兩位老嘛嘛在整個過程中一直伴隨在我身邊，我也覺得我對他們也像自己的家人般了解。

這兩位嘛嘛中，有一位叫貝納多。接下來的幾個月裡，他成爲我的導師。我覺得我好像重生、進入一個全新而不可思議的世界，過去我所知道的一切舊法則似乎都不適用了。我所熟知的舊世界，感覺起來更像是一場夢，而我現在經歷的這個新世界才像是眞的。

我和愛瑪的學習過程，正如開始那樣突然就結束了。我再度回到我在墨西哥的身體當中，主持著工作坊、談論著一個在當時我以為完全不相關的主題。

過了幾週，我慢慢愈來愈了解我的新經驗，並感恩地去接受高基嘛嘛教導我的方式。我學習到，這些聲音其實並非是從頭腦中靠思維和語言所發出，而是從心的神聖空間裡發出的，是由夢境、感受和情緒所指揮（人的頭腦和心都能產生影像，但只有心產生的影像才是眞實的）。

這是人類頭腦絕對無法想像的全新溝通方式。當我經驗過這種「沒有文字的語言」後，我不可能再和以前一樣了。我對這其中所隱含的可能性，感到無比榮幸和興奮。這種不透過文字的語言，不僅可用在人類之間，還能和所有生命形態溝通。高基嘛嘛告訴我，我可以用這種方式來跟動物交談，並透過這些經驗來親身了解動物。

與馬合而爲一

我太太克勞黛在我們家旁邊的空曠處養了三匹馬。我一從墨西哥回來，就拉著她到屋外去看這些馬。我已經在電話中告訴克勞黛我在這次工作坊跟愛瑪學習的經驗，所以我們都急於知道會發生什麼事。

我們到達馬場時，看到這些馬都懶洋洋地站在籬笆旁，彼此約相隔三十公尺，互不理會。克勞黛準備餵牠們時，我慢慢朝馬場中央走去。這三隻馬看起來都好像正在亞利桑納州炎熱乾燥的太陽光下昏睡著。

我悄悄從頭腦慢慢滑進心，就像我被教導的那樣，然後我覺得有個高頻率的聲音從我的身體中發出。我並沒有發出任何聲音，這個聲音是從我體內自行發出的，接著我的內在視野中便出現了一隻小雄馬。

幾乎是立刻，那三匹馬就抬起頭來，盯著我瞧，然後就像事先提示的一樣，牠們同時快速朝我跑來。當他們一抵達我身邊，便一一把臉湊向我，在幾秒鐘內我就被一群馬包圍了。牠們像是有暗號似的，同時低下頭來靠近我，我幾乎沒有選擇，也朝牠們湊過去。

於是在接下來的三十分鐘內，我就變成了一匹馬，和我的朋友交換著低吟和馬嘶聲。當下我的整個存在都似乎都被馬群的影像所占據，我跟愛瑪一起時所經驗到的那種類似「性高潮」的感覺，再度像海浪般淹沒了我。我無法明確形容，但那眞的是我一生中最棒的經驗之一。當我在跟這些馬兒們交談時，我全身都滿溢著歡愉。

再一次，它就像開始那樣突然結束了。但是我知道我已經徹底被改變了，我的馬也是。從那一刻開始，我跟牠們的關係就不再只是人類和馬，牠們變成我的親人，這眞是多大的一個禮物啊！就在那一刻，我也完全確定我在墨西哥的經驗是眞的。生命眞的變得如此美好！

讀過《聖經》的人，是否還記得巴別塔的故事？依據《聖經》記載，在巴別塔之前，整個世界只有一種共同語言，人和動物都說著這種語言；但是在巴別塔之後，上帝就用許多種語言將我們分開，人類因爲無法相互溝通了解而更加疏離。但是不管怎麼樣，考古學家在世界的任何角落卻一直無法找到有關此共同語言的遺跡，爲什麼呢？

我相信那是因爲那個語言並不是用文字來說或寫的語言，而是一種從我們心中所發出的聲音。只有當人類再次把心打開，才會憶起這個語言，萬物也才能再次重新連結——不僅是人和人或人和動物之間，而是宇宙中所有生命都將再度藉此重新連結。

帶領他人進入心的神聖空間

在這次經驗約兩週後，我在東岸進行另一次「地／天工作坊」時，我跟高基嘛嘛學到的經驗還占據在我心中。協助我們安排這次工作坊的助教，仔細聆聽了我關於「心的神聖空間」的敘述後，再也忍不住，問我：「你能夠顯示給我看嗎？」

一開始我很遲疑，因爲我知道大部分人心中都還有很多情緒垃圾和自我限制，所以對很多人來說，離開頭腦會是很可怕的。但因爲她如此堅持，我同意試試，並不期望有任何事情發生。

我們面對彼此盤腿而坐，開始了簡單的靜心。我們關照著我們的呼吸，嘗試放鬆而不預設期待。然後正如高基嘛嘛所顯示給我看的，我的靈魂離開了我的頭腦、進入了心，而幾乎是立刻，那個奇特的聲音頻率就從我的身體裡發出了，接著影像便開始在我的內在視野中顯現。

我發現自己在一條潮濕、綠色的亞馬遜河之外，在我的左邊是棵叢林巨樹，這棵樹的枝枒非常巨碩，幾乎跟大地平行、向外延伸超過六公尺。我看到我的靈魂在離地約兩公尺處往下看，看到了一隻很大的美洲獅正快速向前走、跳上一根大樹枝，開始在上頭走台步似地一直走到樹梢，再從那兒敏捷地跳到地上，繼續沿著河邊往前走。

不久我就回到教室，跟工作坊的助教坐在一起。我睜開眼睛，發現她也同時張開眼睛。我看著她問她，剛才有沒有體驗到什麼，當然不抱任何期待。然而，事情完全出乎我意料，她詳細描述了我剛才所經歷的一切，包括非常細微的細節。我真是完全無法置信，居然行得通！這位助教幾乎不給我任何時間思考，非常興奮地催促我再做一遍，她讓我想起自己第一次跟愛瑪的經驗——當愛瑪向我發出那個奇怪聲音的時候。

於是我們再次閉上眼睛，不久就有另一個聲音從我體內發出，我很快就發現我在那個哥倫比亞女士房子的上方，正往下看著她，睡在她的床上。那是凌晨，她的房子很老舊，是由曬乾的泥磚砌成的。愛瑪的靈魂從這位哥倫比亞女士的身體中翻轉而出、往上升，與我在屋頂上合而為一，然後我們就一起穿過右邊的牆來到外頭。

我們上升到半空中，看到整個叢林在我們之下，高高低低的山脈橫陳著。接著我們就像噴射機一樣，快速穿過大樹頂端，往山中飛去。我們保持離樹梢約三十公尺的高度，沿著不斷往上延伸的山脈邊緣不停向上飛去。

接著我們穿過山脊來到山谷，許多茅草屋錯落其中。我們直接飛向中間的茅草屋、穿過牆壁來到稻草床上（高基族和其他高山部落的原住民一般都睡在手工編織的吊床上，但部落裡的人擔心把不在正常意識狀態中的嘛嘛獨自留在吊床上太久會有危險，便讓她睡在床上）。

當我們再度翻滾進哥倫比亞女士的體內，她就醒過來了。家人圍繞著她、她的三個孩子跑過來，非常高興地叫著她的名字、擁抱著她、爲她的歸來歡呼。最小的孩子大概只有一歲，立即奔向她、找到她左邊的乳房就開始吸吮，她先生跟另外兩位老嘛嘛站在旁邊。我看著他們，他們也同時向我打招呼，然後這個經驗就結束了。

我再度回到美國東岸的教室中，和我工作坊的助教在一起，我們又同時睜開眼睛。不用我開口，她就開始詳細描述此行的經驗。其中有一點我至今仍未明白：她說她看到愛瑪的身體從哥倫比亞女士的體內浮出來時，變成了一隻小蟲！誰知道，或許這和她的信念系統有關？除了這一點，她的經驗和我完全相同。

我的興奮無法以言語來形容。心的神聖空間的存在已毫無疑問。這個經驗代表人的心有無限潛力來改變人類的命運，使人類不致滅亡。高基嘛嘛希望我做的，就是教導或傳達這種能力給別人。爲什麼？因爲身爲世界平衡的守護者，高基嘛嘛相信，只要能在心中憶起我們的實相和眞實身分，我們就不會再無意識地繼續用科技來殘害地球。我相信他們是對的。

* * *

接下來的兩週，高基嘛嘛每天都出現在我的夢中，持續一整夜。他們繼續以我能了解的方式教導我，並揭露有關他們世界的種種。很顯然，他們要我去傳布這些訊息給全世界的科技文明。

後來我終於有機會眞正見到這些高基族原住民，不過我並沒有發現什麼他們還沒有教導我的東西。他們只建議了我一些教導別人的方法，其中有些我已採用，有些則難以適用。譬如，他們說如果我的學生可以待在完全黑暗之處、九天九夜不吃不睡，就能進入心的神聖空間。這或許是眞的，現代社會卻很難做到。我以個人的經驗爲指引，最後找到了兩個可行的替代方法，我會在後續的章節中和大家分享。

第四章

心的神聖空間

「心的神聖空間」有時稱爲「心之祕室」，是一個沒有時間性的意識空間。全世界的古老文獻與口述傳統，都提過人類心中的這個特殊祕境……當你一聽到振動頻率，就用眞實的聲音去跟隨這個內在聲音重複吟唱。你將能輕易而快速地把覺知從頭腦移到心。這個振動頻率會領你直接進入心的神聖空間。

心之祕室與心臟的腦

「心的神聖空間」有時稱爲「心之祕室」，是一個沒有時間性的意識空間。在那兒，當下此刻一切都是可能的。全世界的古老文獻與口述傳統，都提過人類心中的這個特殊祕境，本書開頭引自《奧義書》的詩文就是一例，另一個例子便是猶太經典中提到的「心之祕室」。

現在，科學家似乎也開始謹愼地研究這個領域了。位於加州博德溪、隸屬史丹佛大學的「心靈科技學院」便發現了一些有趣的新資料。這些資料可能不太好理解，不過頭腦願意合作的時候，心通常都會回應。

生物界一直存在著一個悖論：嬰兒被孕育時，在大腦形成之前，心臟就已經開始跳動了。因此很多醫生都很納悶，到底人的智能是從何而來的呢？是什麼在調節心的律動呢？心靈科技學院的科學家發現，其實心臟也有腦——是的，有著腦細胞、貨眞價實的那種腦。它非常小，大概只有四萬個細胞，但確實是眞的腦，而且顯然心臟就只需要這麼大的腦。這對醫學界而言是一項驚人的發現，也爲幾世紀以來不斷被談論或

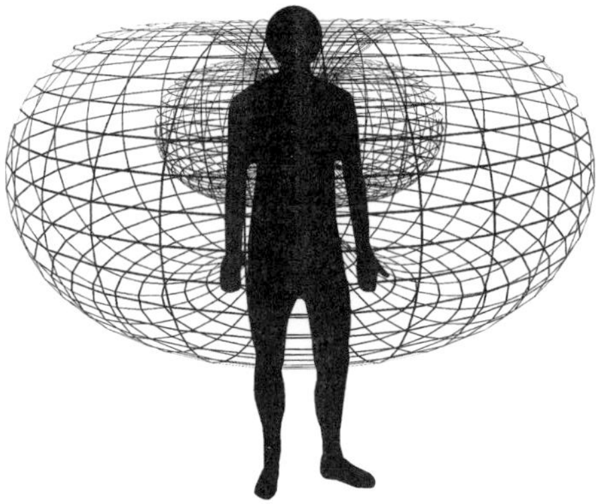

©David Senita

心的超環面能場

書寫的「心的智慧」增添了不少可信度。

除此之外，心靈科技學院的科學家還有一項更重大的發現：他們已經證實，在人類的器官當中（包括我們頭殼中的大腦），心臟的能場最爲強大。他們發現心臟產生的能場有一道中軸貫穿其中，直徑約二至三公尺，看起來就像是甜甜圈形的螺形環紋曲面——這形狀一向被公認是宇宙中最獨特、最重要的原型。

讀過《生命之花的靈性法則》一、二冊的讀者，對上述心臟的超環面能場應該很熟悉。在麥達昶立方中，你會發現五個彼此相容的柏拉圖多面體。在每一個多面體之中，都包含了一個比自身更小的多面體——也就是立方體中的立方體、八面體中的八面體等，以此類推。

心的神聖空間之外的超環面能場也一樣，裡頭也包含了另一個比它小一點的超環面能場，兩者環繞著同一個軸心，就像麥達昶立方中那五個柏拉圖多面體一樣。

我在這個超環面能場中發現了兩件非常重要的事：第一，它可作爲進入心之祕室的入口（至於如何進入，我會在後面談到）；第二是關於裡頭的小超環面能場，不過現在還不適合說明，等之後談到如何從心中進行創造的過程時，我會再解釋。

心的神聖空間的樣貌，也很像以上所描述的樣子。你會看到，在心的神聖空間之中，獨立存在著一個更小的神聖空間，有自己獨特的功能。

心臟外科醫生發現的另一個訊息，很可能跟我們現在談的主體有關，但我目前還無法衡量其重要性。他們發現，每個人的心臟裡都有一個小小的地方，絕不能被碰觸，否則病人就會立刻死亡，回天乏術。不管這個小地方的功能是什麼，對人的生命來說顯然十分重要。

我相信，超環面能場是由神聖空間所創造並穿越之處。但我還是不太明白，所謂的「心臟的腦」和「一碰觸就會立刻死亡的點」究竟是什麼。若是你了解或發現兩者間的關聯，請讓我知道。

研究並教導「從心生活」的智慧

一九九九年底，我就開始研究並主持「從心生活」工作坊。在寫這本書時，已經累積超過四千名學員的經驗。我學到很多，至今仍然在學習當中。我相信本書之後會繼續有更多進展，因爲我們對這些從心內產生的影像，其實都還只停留在初步的了解。

以下就是我目前所學習到的，但我想先聲明：截至目前爲止，我所知道的都是來自我個人的直接體驗或我學生的體驗。當我們在經驗某些事情時，常常會有很長一段時間並不是很了解那些經驗的內涵。我想說的是，有時某件事在當時我認爲是那樣，一段時間之後，我自己也可能會改變看法。所以你必須要跟隨你的心，而且忠於你自己；如果本書有任何部分對你來說是不可行的，就跳過。我相信每一個人都能以自己獨特的方式，找到心的神聖空間。

在我主持「從心生活」工作坊的前兩年，我發現在參加者當中，我可以觸動到大概一半的人；也就是說約有一半的參與者，可以完全「接收」我要傳達的東西；對另外一半的參與者來說，我所說的也可能會完全超出他們的心智程度。因此，我之後會在工作坊一開始，就先預告這個狀況。也就是說，大概有一半的學員會經驗到心的神聖空間，他們的生命也會因此而改變，但也會有一半的學員在工作坊中沒有經驗到任何東西。我問自己，爲什麼會這樣呢？

我不斷思索這個問題。根據數百個在我的工作坊中沒有找到心的神聖空間的學員的回饋，主要原因似乎是出自他們的情緒體。如果一個人在他的生命過程中遭受過較大的創傷，在他們嘗試進入心的神聖空間時，他們會再度感受到痛苦，想要立即離開。因此這可能意謂著，在你開始這些練習之前，得先透過諮商或其他方法來清理你情緒體中的雜質。而那些釋放掉內在強烈負面情緒的人（不論透過什麼方法），總是能找到方法進入，且只感到一點、甚至完全沒有不適感。一旦進去後，即使只是十五分鐘，剛開始阻止他們進入的障礙，似乎也會開始消融，再進入也多半沒有問題。

我碰到的另一個問題是，每個人「看」的方式都不同。有些人透過內在視野來看，以意象或夢境來呈現；其他人可能是透過聲音和聽覺，來感知內在世界；也有一些人是用其他感官（如嗅覺、味覺等）來感知。所以有時因爲事先預設了立場，認爲這些經驗「應該」以什麼方式發生，反而會變成阻礙。以下我就用一個小故事來說明：

有對夫婦來參加最近的一個工作坊，其中太太成功進入了心的神聖空間，因此工作坊結束回家後，丈夫覺得自己很失敗（雖然我事先已經爲學員做好了心理準備，但你可以想像，如果你是屬於那群沒有感覺到任何東西的學員，還是會覺得很失望）。同樣的，這個先生因爲這樣，對太太說：「大家都進入靜心的時候，我什麼感覺也沒有，我覺得糟透了，什麼也沒看見，但我必須承認，德隆瓦洛放的那張有很多海豚跟鯨魚的CD，眞是棒透了，我幾乎能感覺海水在我周圍流動呢。」沒想到，他太太告訴他：「德隆瓦洛並沒有放任何CD啊！」事實上，在整個靜心過程中，並沒有任何音樂。這位先生不相信太太，便去問另一位學員，這位同學確認在靜心過程中並沒有放音樂，更沒有播放有海豚跟鯨魚聲音的CD。這位先生是名音樂家，因此這就是他看的方式。他期待可以在內在視野中看到什麼，但其實他是「用耳朵來看」的。

我逐漸發現，很多人自認爲他們在工作坊裡沒有感受到任何特殊經驗，可能只是這中這麼做的重要性——在看過這麼多人進入內在空間的例子後，我亦十分同意。這麼做，心裡的低吟振動便能在外在的物質世界中落實，同時還具備另一項重要功能：協助我們再回去。

在經驗過心的神聖空間、並且想再回去時，輕輕哼這個聲音，就能夠輕易而快速地調頻你的心，同時幫你把覺知從頭腦移到心。這個振動會領你直接進入心的神聖空間，而且以後回去會愈來愈容易。最後，只需要兩到三秒鐘的時間，你就能從頭腦轉換到心。

我在心之祕室的親身經歷

在開始之前，我希望你了解，你的經驗跟我的可能完全不同，甚至根本沒有相同之處。雖然任何兩個人的經驗，都會有一些相似性，但就像雪花一樣，每個人都是獨特的。請不要預設立場，若你能像孩子帶著開放的眼睛和感知，便能更容易、更直接地

我的洞穴

進入這個經驗。讓我先分享一下我個人的經驗，你可當作參考，但不要視之爲定律。

在一九八〇年代中期，有次我在梅爾卡巴（人類光體）之內靜心時，突然發現自己置身一個石穴中，感覺全然眞實。洞穴另一頭呈圓拱狀，裡面空無一物，除了一個高約四公尺、直徑約兩公尺的圓形小石台，裡面全是純白色的矽砂。洞穴左側的牆上大概有二十張人像照，似乎是嵌在石頭裡。那些人我一個都不認識，也不知道爲什麼這些照片會在這裡。

對面的牆上，有個寬約四公尺、高約五公尺的天然開口，有道白色光牆將它遮住了。

我直覺地知道，不管這光牆後面的東西是什

麼，那正是我一直想要隱藏的東西；我也知道，是我自己創造了這面光牆，卻不了解為什麼。

我在洞穴裡「走動」時，每一件東西看起來都似曾相識，但又覺得我是第一次來到這裡。在洞穴盡處，有道樓梯從石壁中顯現，一直向下蜿蜒到另一層樓。於是我沿階來到樓下，發現這裡充滿了綠光，卻完全沒有陰影，彷彿這些光是來自虛空。我看見很多房間被封住，大概有幾百間。我的內在指引告訴我，這是我生命中稍晚才要發掘的經驗，所以我又回到了樓上的房間。

雖非刻意，我卻發現我會不斷在靜心中回到這個洞穴。差不多每隔兩週，我就會回來。每次回來都跟上次差不多，直到離我初次來到約一年後，才有新的東西出現。

那天我像往常一樣盤著腿、坐在鋪滿矽砂的圓形石台上，面對著石牆（我發現，我一進入這個空間通常就無法出去，除非到靜心自然結束為止。所以我都會爬上圓形石台、坐在矽砂上，因爲那些矽看起來非常舒服），突然察覺到很棒的振動，似乎是從洞穴各個角落同時發出，但只要我踏出平台，振動的音頻就會降低。試過幾次後，我就清楚知道，除了這裡，整個洞穴的波頻都是一樣的。波頻的不同，顯示了這個小台子的特殊性，而且我總是會不由自主受到吸引，在上頭靜心數小時。不過那時我還不知道這到底意謂著什麼。

有一天，我又坐在上頭靜心，看著對面的石牆，我突然發現石牆開始變透明了。我非常驚訝，就用手去觸碰那塊透明的區域，居然發現我的手穿出了石牆之外。我非常興奮，整個身體往前傾、超出小台子之外，盡可能把手伸出石牆。接著我就發現，我整個身體也都穿出了石牆，來到了牆外。外面的世界看起來像是行星的表面，而這裡剛好是一座高山側面的裂口。我從裂口中爬了出來，四下觀望了一番。當時是晚上，我看到天空滿布我熟悉的星星，卻沒有看到其他生命形式，舉目所見都是石頭，甚至連泥土也沒有。幾分鐘後，我決定再爬回裂口，試著回到洞穴中。可是我發現沒辦法，到處都只有堅硬的石牆，我不知該怎麼辦。我記得當時還真覺得有點害怕。

我在這片看起來很難穿越的石牆外站了好一會兒，突然想起小台子上的振動頻率；**我一發出同樣的聲音，音波快速穿透我整個身體，堅硬的石牆也在此時變為透明。**我快速穿過石牆，回到洞穴中的小台子上。每當我這樣做，我都無法相信是真的，但一切看起來是那麼眞實。

自從我發現這個技巧後，大概有一年，我都會試著穿越石牆來到洞穴外，做一趟長長的探險散步。周遭的環境看起來眞的就像我平常在地球上感受到的眞實世界，至少我沒辦法看出有任何不同。我能夠感覺到自己的呼吸，當我觸摸那些石頭，觸感就和現實世界裡一模一樣。每件東西都完全相同，除了那個從來沒有停止過的振動，以及周圍沒有陰影的光。

那時我跟某個美洲原住民家庭住在新墨西哥州陶斯外側的沙漠高原上，我的家就是白色印第安傳統帳篷、外加一輛一九五七年的雪佛蘭老校車，帳篷就搭在校車旁邊。大概有兩年半的時間，我就生活在這裡。

在某個漆黑苦寒的暴風雪夜晚，校車門上傳來輕輕的敲門聲。我非常驚訝，這時候會有誰會來拜訪我呢？外面正颳著狂烈的暴風雪，而我離最近的柏油路至少有兩公里。打開車門，我發現是個年輕的女孩，大概二十歲，幾乎快凍僵了。她問我能不能暫住，我當然答應了，並邀她入內。

當她脫掉頭上的斗篷、讓我清楚看到她的臉孔時，我有種近乎顫慄的似曾相識感。我無法立即想起到底是在哪裡見過她，便開始問她所有我們可能碰過的地方。就在一瞬間，我想起來了，她是我洞穴裡第一張照片上的人！因此一有機會，我立即進入靜心、來到我的洞穴中。果不其然，第一張正是她的照片，一直在那兒，在那面牆上！這女孩跟我一起住了大概一年，她告訴我很多事情，對我的靈性生命有很大的影響。

接下來的幾年，這些在牆上照片裡的人一個接一個進入我的生活，為我帶來不同的訊息和經驗，直到今天，對我來說都是無比珍貴的訊息和經驗。不過，我第一次遇見這個年輕女孩時，完全不知道這個洞穴到底意謂著什麼，為什麼我在靜心中總是會不由自主回到其中。我唯一可以確定的是，這個洞穴對我來到地球的目的，應該具有很重大的意義。

憶起回家之路

在我的洞穴中，那道被光牆覆蓋、高達五公尺的開口好幾年都沒改變——直到二〇〇二年一月，當時我正在德國主持「從心生活」工作坊。當我的團體成員第一次進

那塊特殊的石頭

入心的神聖空間，我也在靜心中進入了我的神聖空間。

一如往常，我發現自己在洞穴中。那時我已經了解，這個地方是在我的心內。但這次我走向光牆，第一次發現，本來一直被不透明的光所覆蓋的開口，開始變得有點透明了。我很興奮，因爲這件事從沒發生過，我很想知道接著會發生什麼。

當學員從神聖空間的靜心中回來後，我讓他們休息半小時。在我走回休息室時，一位女士向我走來，告訴我她有個禮物要給我。

她說，有天她在希臘的沙灘上散步，腦中沒特別想什麼事，只是單純欣賞海邊的美麗風光；她不經意往下看時，看到沙地上躺著一個非常特殊的石頭，撿起石頭的同時，這個石頭告訴她：「把我帶給德隆瓦洛。」當然她就照辦了。這位女士把石頭包在布裡，所以她拿給我的時候，我並沒有看到石頭的樣子。謝過這位女士後，我把石頭帶回休息室。我一打開，整個人就嚇呆了。我從來沒看過這樣的石頭，甚至沒看過類似的東西，它看起來就像是來自外星球。

我迫不及待就把石頭放在第三眼的位置，開始靜心，不過也沒什麼預設想法。我發現自己又來到洞穴中、站在那面光牆前，很快的，那面光牆就消失了：我終於能看到我好奇多年的開口後方，究竟有些什麼。

開口後方是一片美麗的天空，我看到獵戶座腰帶的三顆星星發出光彩奪目的光芒；突然，一道光亮無比的螺旋狀金光從獵戶座中間那顆星的周圍發射出來，快速擴展、直到把我整個身體都包裹在金色光芒之中。

就在那個當下，我憶起了在我離開十三次元空間時，我的父親告訴我要如何來到地球的所有事情，然而卻一直到現在，我才憶起如何再找到回家的路！能夠憶起這麼多我刻意忘掉的事，我覺得非常快樂，同時也非常害怕，難道這意謂著我即將要離開地球、回到天家了嗎？這時，我的一位守護天使出現，向我保證，我並沒有要離開地球，而那個螺旋狀金光是爲我開啓的另一種溝通方式，將來我會用到、並對我未來的生命具有重大的意義。憶起靈魂的移動還有另一個重要目的，我不久就了解了。

當我從靜心中出來，這塊特殊的石頭仍被我握在兩眉之間，我開始大哭。剛才我所經驗到的和我的父親的再度連結，對我的情緒是極大的釋放。

當我回到教室、準備上課，剛才那位女士又快步走向我，說：「喔，我忘了，剛才我交給你石頭的時候，並沒有把全部的訊息都說完。事實上石頭是說：『把我交給德隆瓦洛，我能夠幫助他憶起回家之路。』」我完全說不出話來，只是緊緊抱著她、從內心深處感謝她。生命是多麼奇妙啊！

＊　＊　＊

現在回想，我並未完全了解在梅爾卡巴靜心時所進入的洞穴和我的心內神聖空間之間的關聯，直到我碰到哥倫比亞的高基族人，是他們幫助我闡明了這兩者之間的關

原本的小沙台變成大浴缸，潔淨的水滿溢而出

係。為此，我深深感謝他們。

時間是什麼？

現在，這神奇的魔術才真正要開始……

在二○○二年另一個「從心生活」工作坊中，我在靜心時再次進入那個神聖的空間，和往常一樣，我坐到那個特別的圓形台子上開始靜心。但在這次靜心中，我看到有水從圓台中央慢慢湧出，注滿整個台子，就像浴缸一樣。然後我看到圓形台子裡的水開始溢出，流過洞穴地板，一直流到洞穴另一頭，消失在地板和石牆之間。

我一面看一面覺得很好玩，我沒想過會這樣，也有點困惑。我就一直站在那裡看著水流，不知道要做什麼，也不知道這些事的意義。突然間，缸裡的水波躍起、超出石台約半公尺，便向外傾洩而出，慢慢匯集成一條小河，向牆邊流去；石牆和地板間的裂縫也愈變愈大，以容納這豐沛的水量。

水流量持續不斷增加，直到幾乎帶有危險性了，我不知道該做什麼，所以有相當長一段時間，我只是站在那裡，看著一層層小瀑布般的噴泉向外湧出，心想：「喔，上帝，到底發生了什麼事？」我站了一會兒，完全不知所措，帶著些許困惑離開靜心。

第二天上課時，我再次進入心內的洞穴，經歷了一個非常特殊的經驗，從此改變了我的靜心。昨天那道巨大的水流還是繼續流著，不過似乎有慢慢緩和下來的趨勢，只是一直保持持續而大量的流量；圓形小台子的壁緣也愈變愈高，差不多有一公尺，整個小台子看起來就像是浴缸。

我很想進入我的內在神聖空間，卻仍猶疑踟躕，不知是否該這樣做。最後，我決定還是跟平常一樣進去裡面，便爬進了這個充滿渦旋水流的浴缸。裡面的水是涼的，很舒服，大概接近室溫，非常乾淨而透明。我浸泡在舒服的水中，開始靜心。我微張著眼睛看著前方的石牆，發現石牆像以前那樣又慢慢變成透明。我就跟隨著愈來愈強烈的衝動，穿出了石牆。

爬出行星表面的缺口後，我被出現在眼前的景象震攝住了。這個「想像中」的行星不再是個不毛之地，所見之處都長滿了茂盛的植物，像一片叢林般從我所在之地朝各個方向延伸出去，直至地平線。這到底是怎麼一回事？

在這個想法出現的同時，我內在空間那個水流的意象出現了，於是我就明白了，是那豐沛的水流給了這個行星生命。可是這些植物看起來都已經這麼成熟了，難道這個世界的時間和我所知的不同？我心中充滿了疑問。

經過長時間的思索和敬畏，我又回我的內在空間，並再度回到教室的身體中。回到物質世界後，我也花了好幾天來思索這段經驗到底代表什麼呢？我的內在指引天使也只是旁觀，讓我自己一個人苦思答案。

神聖空間經驗包羅萬象，獨一無二

我聽過上千個人進入心的神聖空間的經驗，很顯然在那裡的意象比較像夢，而不像固定且有結構性的現實世界。每個人的內在經驗都不同，當你進入你的內在空間，不要預設期待，要像個孩子帶著敞開的心，那麼你的經驗一定會是非常獨特的。以下列舉一些學員的經驗，能呈現心的神聖空間是多麼包羅萬象。

「當我進入我的神聖空間，我請求神聖空間被光充滿，幾乎立刻就發生了。這使我非常高興，因為通常不管我祈求什麼，幾乎都不會實現。這種光很柔和、閃閃發亮，不像家中的光線那麼亮。我朝四周看了看，發現我在一座非常精雕細琢的古埃及大寺廟中，只是這些寺廟的石牆似乎也接上了電，不斷發出光來。石牆上寫滿了象形文字，當我湊上前去看，那些文字竟栩栩如生跳起舞來。在這些文字當中，其中一行大概由二十個象形字所組成，對我來說卻深具意義。我無法告訴你上頭說的是什麼，但我內心卻完全了解它的意思。於是，我開始哭了起來。」

另一個年輕人，說他一開始完全不期待有任何事情發生，因爲在他的經驗裡，從來沒有任何事發生過。他也和我們分享了以下的經驗：

「當我祈求光，什麼也沒發生，所以我就按照老師建議，試試看能不能靠感官來找到方位。不知道為什麼，我似乎知道我在哪裡，每件東西都感覺熟悉。我往左轉，慢慢的，幾乎像是印象派的畫一樣，我可以隱約看到某些東西的輪廓，看起來離我很近。然後我慢慢能夠看清一些東西的形狀，而且愈來愈清楚，直到我發現自己在一個只有光的世界中——我的意思是，沒有什麼東西是實質的，比較像是全像圖。接著這些光開始移動，形成各種幾何圖形，我覺得自己也在移動，跟隨其中一道光流來到它的源頭。周遭是如此美麗，快速移動的感覺也讓我非常興奮。我可以看到有個不知是什麼的東西一直快速把我朝前方某處推去；幾乎來自全宇宙的光都同時朝那個地方照過去。現在這裡的規模和宏偉程度，已經差不多跟銀河星系一樣了，我覺得自己就像一粒小小的微塵。

就在我像水星一樣快速朝光之源漂流而去時，我知道自己回家了——真正的家！我也知道，我曾經來過這裡。而在那個宏偉的光源中心，是注滿活水的圓球。在我正要滑進這個充滿活水的圓球時，你就叫我們回來了。我知道我一定還要再回去，我不想要這個經驗終止。我不想回來，在那兒，我覺得充滿了生命力。」

這樣的故事一個接一個，每個都不同，都帶著非常個人的色彩。在聽過幾百個這樣的故事後，對我來說，有件事變得很清楚：在我們的心中有另一個實相，而這個實相和我們由頭腦架構出來並生活於其中的實相同等重要——或者，也許更重要。

無法進入的原因——創傷、恐懼與執著

爲什麼有些人進不去內在的神聖空間，或者即使他們已經找到這個地方，卻覺得有股巨大的壓力迫使他們趕快離開。我花了約兩年來傾聽無法進入的學員的故事，才逐

漸明白箇中原因。

正如我先前提過的，有過重大情感創傷的人，特別是曾在愛或關係上有過巨大負面經驗的人，當他們進入心的神聖空間，通常會重新經驗到那些傷痛，那感覺是如此強烈，使他們必須立刻離開。這大概是最普遍的一種障礙。另一種障礙是來自恐懼——對於未知的恐懼。有些人進入這個空間後，發現影像是那麼真實，恐懼便抓住他們，將他們快速推走。我發現在這樣的情形下，若有人能讓這個靜心者留在原地稍微久一點，恐懼通常會自行離開，然後他就會覺得一切都很好。但問題是，要如何讓一個人安住原地，久到足以讓恐懼自我消融？

第三種阻礙，也是我先前提過的，如果人們執意要以某種方式來「看」，卻不了解他們其實是用別的感官來「看」——包括用聽的、用觸摸的、用聞的，甚至用嘗的。

正如我在本章開頭提過的，我通常夠觸動到半數學員的心。到了二〇〇二年一月，我對阻礙人們回到心的神聖空間的問題有了更透徹的了解，當時在德國工作坊的一八〇個學員中，便有一七四個人能夠進入心的神聖空間。我們仍然持續在學習和憶起當中。

第五章

天地合一呼吸

天地合一呼吸是爲了和神共同創造，來協助生命循環達到平衡，它爲我們開啓了一扇通往憶起神、進入心的神聖空間之門。這個意識狀態是完成生命所有循環的唯一所需，是進入生命所有神聖儀式的門道。

許多原始部落的原住民都教導我同一件事：在慶典開始前，我們必須先後用愛連結大地之母與天父，並透過這個過程與偉大的聖靈或神合一。因此在進入心的神聖空間之前，我們也必須這麼做，否則這個神聖空間會十分難以捉摸。

起初我是在一九八一年、從雷納（Jimmy Reyna）那兒學到這個教導的，他是我在陶斯印第安部落認識的其中一位心靈導師。他教我的是比較基本而樸實的一套方法，接著我又從奎亞瑜伽傳統的一位偉大靈性老師身上學到更精緻的表達。

當時適逢一九九四年喬治亞州傑克爾島的「太陽之心」慶典，我正準備上台，在這之前已經有好幾位靈性老師輪流上台，帶領聽眾做高靈連結，而我是下一個。

我獨自坐在講台後方房間裡的靜心祭壇前。有人已經在祭壇上點了一根蠟燭，還放了「自我實現團契」靈性導師的照片，包括克里希那、耶穌、巴巴吉、拉希里·瑪哈希、聖尤地斯瓦爾、尤迦南達等上師。我知道輪到我上台時，會有人來叫我，而且我已經準備好稍後要講的內容，所以剛好有一個空檔，我就決定把自己歸於中心。對我來說，歸於中心最好的方法就是靜心。

我先向祭壇上多位靈性導師表達敬意，接著就閉上眼睛靜心。我周圍的世界慢慢消

聖尤地斯瓦爾

失在遠方……隨著靜心能量增加，我看到一個意象：它不僅改變了我當晚跟在場聽眾分享的內容，也改變了我靈性世界裡的每一件事。

我靜心不久後，聖尤地斯瓦爾尊貴的面容，出現在我面前。我和聖尤地斯瓦爾的弟子尤迦南達上師很親近，但我從來沒想到過聖尤地斯瓦爾本人，而現在，他居然就在這。

天地合一呼吸

聖尤地斯瓦爾直接就切入了正題，我也

將這麼做。

他告訴我，印度人在接近神之前，都會先把心和心智準備到某種狀態。關於如何帶著覺知去和神性連結，與神合一，他也給了我明確的指導。以下就是他告訴我的。

「你可以在任何地方進行，但是我會設置一個祭壇、上面點一根蠟燭，來集中我的注意力。我會感知所有導師的存在，和他們一起進入天地合一的呼吸中。」

和神聖母親連結

「首先，把你的注意力集中到一個地球上你覺得最美麗的地方。它可以是任何地方——可以是滿是綠蔭的高山，也可以是湖泊和河流，甚至是乾燥、荒無人煙的沙漠。不管任何地方，只要你認為它是美麗的，而且要在你的觀想中，盡可能去看到那個地方的所有細節。

「如果你認為最美的地方是高山，你就要去看到在山間飄流、像波浪般的白色雲朵，看到森林中的樹正隨風起舞，看到許許多多的動物，像是麋鹿、小兔子和小松鼠等等。再往下看，你會看到清澈的小溪流過……然後開始感受你對這片大地和大自然的愛。你覺得你的愛不斷增加，直到你的心因為這些愛而溫暖跳動著。

「當你覺得時候到了，用你的意志把這些愛傳送到地心，讓大地之母直接感受到你對她的愛；如果你想要，也可以把你的愛包裹在小圓球裡，送給大地之母。不管是什麼方式，最重要的是意念。然後像個孩子那樣等待，直到感知大地之母把她的愛送還給你。你是她的孩子，她非常愛你。

「當你感受到大地之母的愛進入你的身體，向她完全敞開，讓這份愛流遍你身體各處，進入你每個細胞、你所有的光體和你希望它去的地方。感受來自神聖母親美麗的愛完全將你包裹、你和大地母親在愛中合而為一，直到你覺得完整為止。」

和神聖父親連結

「當你感覺對的時候到來（只有你自己知道什麼是對的時候），保持和大地母親的連結，然後去找你的父親，你的天父。去靜觀地球以外的所有受造物。凝望夜空，看看銀河星系如何蜿蜒穿越天際；去看所有的行星和月亮，感受月暈將你和大地整個籠罩；去看太陽躲在地平線下方、正等著躍升而出；去感知宇宙不可思議的深廣。

「感受你對天父的愛，因為天父是大地母親之外所有創造的本源。然後當這個愛變得大到要滿出你的身體時，就用你的意念讓它滿溢到天上去，將這份愛投向天際。同樣的如果你願意，也可以把它包裹在小圓球中，再投到天上。」

聖尤地斯瓦爾說，把你的愛放進小圓球，帶著意圖把它投到夾上。他說，把它投向環繞著地球的基督意識網絡。如果你不知道這個網絡是什麼，也不用擔心，那麼就像大部分的原始部落原住民一樣，把你的愛送向太陽。事實上太陽和其他的太陽系及行星，以及世上所有的生命，最終都是像網絡一樣連結在一起的。有些人（像是美洲西南方的霍皮族）把他們的愛送給大中樞太陽，那是另一個獨特的概念，但都可行。只要選擇你覺得適合你的，重要的是把你的愛送給全宇宙的生命。

聖尤地斯瓦爾繼續說：「當你把你的愛送到天上給你的天父之後，你再次安靜等待，等待聖父把他的愛再送還給你，而祂一定會這麼做的。當你感受到天父的愛進入你的存在，就讓這份愛完全穿透你，讓它流向它要去的地方。這是你聖父的愛，它是完全純淨的。」

三位一體的重現

此刻，一件無比殊勝的事就發生了：三位一體在地球上再度重現。聖母、聖父和聖子（也就是你）在純粹的愛中合而為一，神聖三角形於是完整了。

根據聖尤地斯瓦爾的說法，只有在這種特殊的意識狀態下，神才能夠直接被感知。所以這個靜心的最後一步，就是去感知神的臨在。

有關感知神的臨在，聖尤地斯瓦爾原本給了我非常複雜的步驟，但與許多部落長老討論之後，我覺得可以略爲簡化，以達到這最後的意識狀態。其實它可以很簡單：當你進入三位一體的狀態，只要向神敞開你的心，就能感知神的臨在。也許只有神才知道爲什麼，在三位一體的狀態下，神的臨在很容易被感知。

聖尤地斯瓦爾同時告訴了我這個靜心的名字：「天地合一呼吸」。神是無所不在的，只是人類無法察覺，而「天地合一呼吸」靜心，能讓我們帶著覺知直接與神的臨在連結。

對某些人來說，這個意識狀態是完成生命所有循環的唯一所需，亦即進入生命所有神聖儀式的門道，包括出生、神聖婚姻和死亡。對美洲印第安人來說，即使在栽種和收成的儀典中，也需要和偉大聖靈進行這樣的連結，如此作物方得以成長、豐收。

這個方法是爲了和神或偉大聖靈共同創造，來幫助生命循環達到平衡。根據《聖經》亞當和夏娃的故事，我們是伊甸園（或大自然）的守護者，現代的我們依然是，卻遺忘了自己的使命。若不透過內在的再連結，我們會繼續處於與神分離並迷失的狀態。聖尤地斯瓦爾的靜心爲我們開啓了一扇通往憶起神、以及進入與憶起心的神聖空間之門。

帶領天地合一呼吸的體驗

講到這裡，聖尤地斯瓦爾變得非常嚴肅，他直直看入我的眼睛，說：「德隆瓦洛，我要你今天上台去，教導所有聽眾我剛才告訴你的靜心法。」他非常慎重、認眞地看著我，我想我最好還是不要違背他。然後他一鞠躬，就消失了。

就在此時，我聽到敲門聲，告訴我輪到我上台了。我記得我迷惑地站了起來，不知道該怎麼辦。對於今天上台要做什麼、說什麼，我本來有完整的計畫，但現在好像都被推翻了。我告訴工作人員，我馬上就來，然後把門關上，很快地請出了我的兩位天使。他們告訴我，就照聖尤地斯瓦爾說的去做，以後我就會了解。所以我就按照指示做了，而後來我的確就了解了。

我走上台去，分享了我剛才所經歷的事，並告訴大家，我們現在要進入一個靜心，是聖尤地斯瓦爾上師強烈建議我們去經驗的。於是我就帶領全體聽衆，按照剛才我所被教導的那樣一步一步往下做——雖然用的是我自己的語言。之後我感覺到一片油然而生的和平和狂喜。過了很長一段時間，我覺得有個年輕人正用力拉著我的袖子，把我從靜心中拉出來，他告訴我，我們要在十分鐘之內結束，去用午餐。我看著在場的全體聽衆，除了場邊的工作人員，每個人似乎都沉浸在深深的靜心中。我開始要求所有人慢慢回來，但是有生以來第一次，我發現大家都進入那麼深，大部分人無法、或者不願意回來。

經過我一再請求大家回到會場來，仍然有大概三十個人不願意回來。於是我們只好派出工作人員，一個一個去把他們從靜心中喚回來。最後，大家終於都回到了現場——除了一個年輕人。一開始我們以爲需要趕緊將他送醫，因爲他一直回不來，但經過了二十多分鐘，當其他人都已開始用午餐，他終於張開了雙眼。

我唯一能思考的是，「到底發生了什麼事？」

我只記得，我剛才經歷了遠超過一般靜心的經驗，我現在仍然感受得到聖父和聖母的愛，以及神的臨在；祂們就在那裡，就在我周圍的每一樣東西上。實在是太棒、太美了。

此後許多年，我學會了要對「天地合一呼吸」靜心非常小心，原因是只要人進入這種狀態，若還沒有完成，他很可能會不想回來，因爲感覺太美妙了。所以如果你要練習這個靜心，記得要爲自己留下充分的時間，關掉所有電話，盡量讓自己沒有時間壓力並不受干擾。就讓這個經驗像夏日花朵般自由隨意地綻放。

它是那麼簡單

現在你知道了「天地合一呼吸」靜心，在你進入心的神聖空間前，記得要先讓自己進入這個意識狀態，否則不管你多努力，神聖空間可能都會隱而不現。

如果你透過「天地合一呼吸」靜心把意識帶到這個層次，你會發現找到心的神聖空間會變得愈來愈容易，直到最後，你每次都能夠找到。這是最理想的狀態，知道這個靜心方法的導師都這麼說。

我相信，「天地合一呼吸」靜心在你的內部創造了一種振動頻率，會引領你去找到你自己內在的聖杯——心的神聖空間，也是造物主初始創造一切萬有之處。它是那麼簡單，你要找的東西，一直就在你的心內。

第六章

離開頭腦，進入心的方法

你早就知道心的神聖空間，因爲你和神一直都合一於內。但是，只要你一直住在腦袋裡，就永遠都無法發現心的神聖空間。人的靈魂其實可以從腦袋移動到心，進入完全不同的智慧和意識狀態當中。這一章就是要告訴你繞過頭腦、進入心的方法。

靈魂可以在身體裡移動

「天地合一呼吸」靜心是進入心的神聖空間必要的前置準備；除此之外，進入心內通常還有兩個主要障礙須排除。

首先，特別是針對西方意識，光靠「天地合一呼吸」靜心通常還不足以幫我們找到心的神聖空間。爲什麼？因爲我們的頭腦會創造幻相，把我們帶離實相。你的頭腦總是會跟你說：「不要聽你的心，只有我知道宇宙萬物之源。只要跟隨我的邏輯，每件事都會很完美，我的科學是幫助你理解眞理的唯一途徑。」透過這一套思維過程和邏輯，你的頭腦會把你永遠困在腦袋中；只要你一直住在腦袋裡，就永遠都無法發現心的神聖空間。我們的頭腦已經這樣把心的力量隱藏了好幾千年了。

其次，我們必須要了解靈魂是如何在我們的身體裡移動的。缺乏這份了解，不管你多努力，尋找心的神聖空間也將變得徒勞無功。我們要知道，人的靈魂可以在身體裡移動，而且正如字面所形容的那樣，可以從腦袋移動到心，進入完全不同的智慧和意識狀態當中。

根據我個人及其他幾千人的經驗，我發現，只要我們能清楚知道該怎麼做，要克服人類的這種思維過程其實也很簡單。如果你只是坐在那裡，聽從並回應你的思想和念頭，那你一定會被困在頭腦裡，而你的思想會永不停歇地把你困在那兒。

有幾種不同的靜心系統，可以幫助我們克服或繞過頭腦，例如內觀靜心，就是透過某些方法靜坐數小時，直到達成靜止點為止。但是要讓我們的靈魂離開頭腦和心智，也有比較簡單的方法。而要進入心的神聖空間，這是我唯一知道的方法。

我發現大部分的人都不知道靈魂可以在身體裡移動。當我談到這些，大家常常都看著我，以為我瘋了。但是原始部落的原住民卻幾乎都能了解，因為他們在許多靈性經驗中親自體驗了這個說法。

人的靈魂和身體是分開的。我們死亡的時候，靈魂會離開我們的身體，回到另一個不同的世界。所以人的身體就像是外套，出生時，我們穿上它變成人類；死亡時，我們就把它脫掉，變成另一種形式。根據我的研究，我發現在歷史的這個階段，人的靈魂通常都是住在頭顱中央的松果體裡。靈魂住在松果體裡，意謂著人類是透過眼睛來感知身體和觀看世界，也會感覺外在世界和我們是分開的。

雖然我們也可以感知到身體的其他部位，我們還是會覺得是直接在眼睛後面看世界。大部分人都有過把焦點移到身體其他部位的經驗，譬如手或腳，但其實我們仍然是以靈魂住在松果體裡的方式來經驗這些。

其實還有其他方法可以感知身體，這就是我現在要教給你的。在尋找心的神聖空間之前，你必須先了解並學會這個部分。

第一個練習——在身體裡四處移動

進行第一個練習最容易的方式，就是把它當成遊戲——要是你能夠讓自己變成小孩，會更容易。不要太嚴肅，「嚴肅」這個東西是從頭腦裡產生的，只會干擾練習結果。就把練習當成好玩的遊戲，好好來玩一下吧！因爲只有你的童眞能帶你進入心——而不是成人那種充滿算計的頭腦模式。

- 首先把注意力放在你的右手上，盡可能去感覺你好像整個人都「在」你的右手裡。你的靈魂是不是仍然在頭腦裡感知著你的手？這是我們平常的感知方式（我之所以會要你來做這個練習，正是因爲這不是我所要的方式。我們通常說把注意力放在手上時，其實還是在我們的腦袋裡做這件事）。

- 想像你的靈魂跟你的身體是分開的。你可以把靈魂想像成小小的光球，大概像彈珠那樣大小。

在下一步驟中，我們將從頭部移開，像一顆小光球那樣進入喉輪。首先，讓我們先來做一個知性討論，爲我們的腦袋暖身。

想像一棟很高的建築物，建築外面有一部玻璃的室外電梯，在電梯裡你可以看到外面的世界；當你從大樓頂端下降到地面，你也可以看到整棟建築物。在電梯不斷下降的過程中，你會覺得建築物頂樓離你愈來愈遠。所以說，你觀看這個建築物的點，其實也會不斷隨著你的實際位置而改變，不是嗎？

- 好，現在把眼睛閉起來（這很重要），用你的想像力來看。把自己「看」成是小小的圓形光球，從你的松果體或頭部慢慢往下移動，就像一台電梯，一直下降到喉輪。當你從頭部往下移動，在你的想像中，你會看到你的頭，正如建築物的頂樓一樣，離你愈來愈遠。不要用頭腦來想這個過程——因爲那樣它一定會干擾你，就像玩遊戲那樣跟著做就好。

- 等你到達喉輪，在你的內在視野中，你會看到或感知到你的頭已經到上方去了，看起來你好像是在喉嚨中往上看那樣。去感覺你喉嚨周圍的柔軟。你會覺得此刻好像是跟肩膀同一個高度。你能辦到的！
要是你一開始還做不到，那就暫停，放鬆一下，要記得你是在玩遊戲。持續嘗試，一直到你在內在視野中可以看到或感知到你的靈魂從頭部慢慢下移，來到你的喉嚨。

- 再次回到你的頭部。在內在視野中，當你的靈魂正往頭部或頭殼上移的時候，你會看到或感知到你的身體不斷往下沉。
當你再次進入頭部後，要確認你是面向正確的方向，也就是說是朝著你眼睛的方向（你可能會覺得這聽起來很荒謬，或當然是這樣，但是有些人卻眞的可能會弄錯方向，這也讓他們的方向感完全錯亂。我相信這些都不會發生在你身上；若發生了，其實只要轉過來面向眼睛的方向，其他一切自會各歸其位）。

- 現在，再次離開你的頭部、往下移動到你的喉嚨。當你進入喉嚨後，去感受喉嚨周圍組織的柔軟。
- 然後再次回到頭部。在你的內在視野中，看著周圍的轉變。當你再次進入頭部，你要去感覺包圍著你的堅實的、硬硬的頭骨。試著去感覺差異性。
- 再次下移到喉嚨，去感覺包圍你的那些柔軟組織。試著去感覺它們的不同。
- 這次，我們要走再遠一點。從你的喉嚨，慢慢移到右肩。在你的內在視野中，假想你仍然朝前方看，所以會注意到你的頭開始慢慢變成在左邊。試著去感覺你肩膀裡頭骨頭的感覺。
- 現在再繼續移動到你的右手臂、進入你的手掌。你會看到五根手指頭包圍著你。它們看起來會非常的大，因爲此刻的你非常的小。試著去感覺這些手指。
- 然後再回到你的肩膀、喉嚨。記得回頭部之前，要在喉嚨處暫停，把這裡當作參考點；再持續上移到頭部，而且要確認你一直是朝著眼睛的方向往前看。再次試著去感覺你頭殼周圍的堅硬度。

* * *

現在你已經完成了第一個練習。如果你想要，還可以繼續練習靈魂在身體其他部位的移動，不過暫時先跳過心這個點。你可以隨意移動到任何你想去的地方，畢竟這是你的身體。但是要記得，在你每次回到頭部之前，要在喉嚨的地方暫停一段足夠久的時間，好讓自己重新找回方向感。

第二個練習——進入心

現在，我們已經準備好要進入心了，但我們還沒有要進入心的那個神聖空間。首先你要去感覺頭和心的不同。

- 就像你剛剛學到的那樣，把眼睛閉起來，進入你的頭部，然後往下移動到你的喉嚨。

- 等到你覺得對的時候，再繼續朝你的心臟移動。不是心輪，而是心臟。去感知在你的內在視野中，看到你的心臟，並感覺自己正朝它移動。當你到達心臟、穿過心膜，持續進到心臟裡面去。
- 去感覺並傾聽你的心跳，去感覺包圍著你的組織的柔軟觸感，去感覺它們和頭殼的堅硬是如何不同。心臟是女性的，頭腦是男性的，兩者的不同應該非常明顯。
- 你可以自己決定在這裡停留多久，但最好不要駐留超過五分鐘。這時，先不必去想心的神聖空間，只是單純去感受在心臟裡的感覺。
- 當你覺得對的時候，從你的心臟移出來，穿過肌膜，繼續往上移動到喉嚨，停留一會兒去感覺喉嚨，再繼續回到頭部。不要忘了確認你是朝向眼睛的方向。
- 再去感覺在頭部是什麼感覺，然後與在心臟裡的感覺做個比較。相對於心臟組織的柔軟，頭殼感覺起來是多麼堅硬。

現在你已經完成了第二個練習。

第三個練習——頭部的「嗡」和心的「啊」

我們現在要做最後一個練習，連續做三次。當你在頭部，發出「嗡」的音；當你在心，發出「啊」的音。說得更清楚一點，就是我要你在適當的部位發出不同的音。這個練習有點微妙，卻能幫助我們的細胞去了解我們到現在爲止所做的練習。

- 首先，把你的眼睛閉起來，去感覺周圍硬硬的頭殼，然後發出一次「嗡」的音。當你發出這個聲音的時候，去感覺它如何在你的頭殼中產生共鳴。去感覺它。
- 向你的喉嚨移動，並在那裡暫停一會兒，然後朝心臟的部位移動。在你的內在視野中，看到你的心臟一直逐漸靠近，進入心中，感受它周圍的空間。
- 發出一次「啊」的音，然後感覺這個聲音如何在你心的柔軟組織中迴盪共振。再次去感覺它。
- 離開你的心臟，再上移到喉嚨。稍微停留一下，然後持續上移到頭部去。再次去感覺頭殼的硬度，並發出「嗡」的音。

• 再重複這個練習兩次。然後就安靜坐著，去感覺這兩個地方是如何的不同——正如男性和女性一樣。

現在你已經完成了第三個練習。

進入心的神聖空間的兩種方法

南美洲的高基人教我時說，進入心的神聖空間最好的方法，是站立在完全黑暗的房間或空間中，把眼睛閉起來，不吃、不喝、不睡，持續九天九夜。他們說這樣做，大地之母一定會來，你也一定會成功進入。

他們的生活方式可以允許這樣的靜心，但是對我們來說，卻是很難跨越的鴻溝。高基人對現在這個科技世界了解極少，他們要求我用這個方法來教導心的神聖空間，但我知道，這在實務上會有困難。我告訴他們，連續九天的靜心對大部分現代人來說是相當困難的。也許有少數人能做到，但是如果我們想把這個方法傳布到全世界，一定得找出其他方法。

於是我祈求我的內在指引，逐漸有兩種方法出現了。我相信一定有很多不同的方法可以進入心的神聖空間，但我知道的這兩種方法都是確定可行的。不管你用的是哪種方法，只要你的心夠純淨，就能停留其中。

進入心的神聖空間並不是一種學習的過程，而是一個「憶起」的過程。因爲我們從初始以來，都一直在那裡面，是我們選擇把焦點轉入二元意識。只要我們學會了這門功課，我確定我們就能再度回到最初的一元狀態。

我嘗試的第一個方式，是依據「心靈科技學院」發現的那個環繞著心的超環面能場。第一個方法的主要假設是，這個巨大電磁場的源頭就在心的神聖空間中——也就是說，在大螺形環紋曲面中發現裡頭有另一個小螺形環紋曲面。所以要是一個人能夠循著這個電磁場能量的幾何線條回溯，就能直接進入心的神聖空間。而我發現這個假設是對的——眞的可以。

第一個方法在本質上是比較男性的，意思是它可以被教導，也就是說，只要一個人完全依照教導的步驟去做，結果永遠都會一樣。不幸的是，這個較爲男性的方法，對女性好像就不太行得通。第二個方法在本質上是比較女性的，它是那麼簡單，因此花了我相當長的一段時間才了解。

在接下來的篇章中，我們會把進入心的神聖空間的所有步驟彙整成一個完整的方法。現在你只需要在心智上了解它的運作，眞正的體驗接著會來到——我們會來到一個地方，在那兒，心臟就在我們的前面，那時在我們的內在視野中，我們就會看到或感知到圍繞在心臟周圍的超環面能場，而我們將把注意力集中在裡面那個較小的螺形環紋曲面上。

進入心的男性方法

以下就是進入心的男性方法：當你朝心臟移動，你會看到一個比較小的超環面能場，把你自己往上移動，感覺你可以從上面往下看到那個小的螺形環紋曲面。正如我前面所解釋的，這個能量場是漩渦式的，像水一圈一圈旋轉流入排水孔那樣。在能場外圍時它流動得比較慢，當它靠近中心點，速度就會愈來愈快，最後會掉到中心裡頭去——就像水被排水孔吸進去那樣。有些人會覺得這個漩渦是順時鐘方向旋轉的，另一些人會覺得它是朝逆時鐘方向轉。旋轉的方向可能跟一個人的性傾向有關，但這似乎不是重點。

當你在靜心中看到這個超環面能場的頂端，試著去看或感覺它是朝哪個方向旋轉，然後就像葉子飄在河流上那樣，讓你的靈魂躺在這個螺旋形的能量上。

接著你會感覺自己不斷旋轉——一開

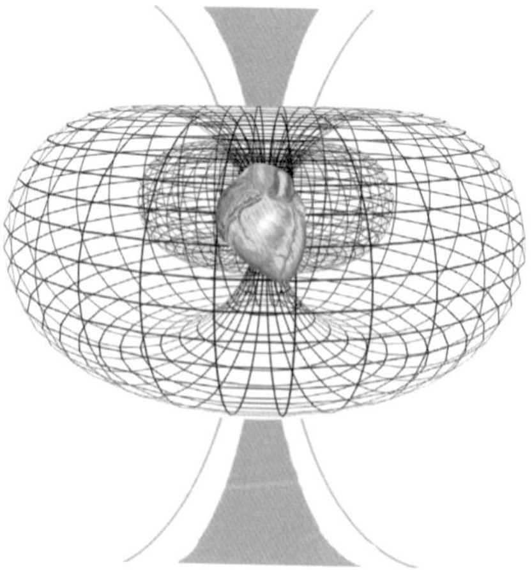

始很緩慢，但是當你愈來愈靠近中心點，旋轉會愈來愈快，最後你會覺得來到了中心點，並開始往下墜。不需要害怕，就讓你自己隨著能量往下落。一會兒，你就會發現周圍的一切都變得非常非常靜止，就像在颱風眼中。你現在已經在你心的神聖空間中了。你眞的在那兒。

進入心的女性方法

接著是進入心的女性方法：正如我前面提到的，這個方法簡單到我剛開始完全無法明白。這個方法的步驟很簡單，但是每一個選擇用這個方法進入的人都會感受到不同的經驗。不管你的身體是男性或女性，如果你是一個信任心的直覺的人，這個方法就是你的方法。

進入心的女性方法，你唯一要做的只是去看、去感知，或去感受你自己正朝心臟逐漸靠近，然後像我們前面所說的那樣穿過心臟的薄膜。只是這一次，讓你女性的心靈本能和直覺帶領你進入心的神聖空間，把一切都放掉，只是往前移動，知道你正直接進入這個神聖之地。

＊　＊　＊

你可以先嘗試其中一個方法，發現行不通，再試另一個。記住你是神的孩子，你早就知道這個地方，因爲你和你的神一直都合一於內。一直都是。

第七章

心的神聖空間靜心

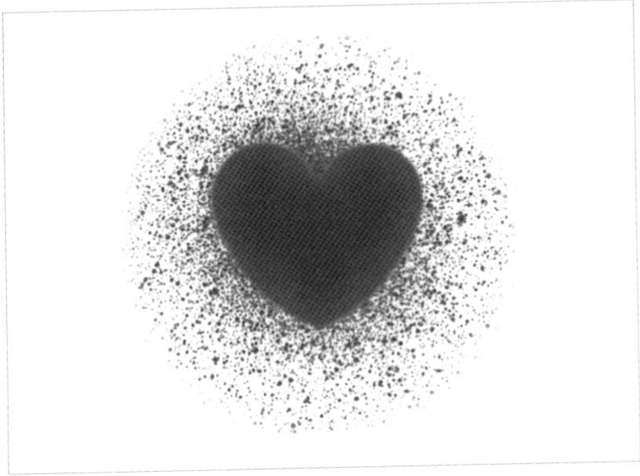

現在，你已經找到了回家的路。在心的神聖空間裡，所有世界，所有次元，所有宇宙，所有受造物，都找到了他們的出生地。透過你的心，宇宙所有生命的心都緊緊相連了。

好，現在我們要開始玩眞的了，眞正來體驗進入心的神聖空間的感覺。如果你願意嘗試，像其他數千人做過的那樣，本章可以帶領你進入神聖中的神聖，也就是你的心，你的創造之源（接下來的內容也會在隨書附贈的CD中呈現，所以在進入靜心時，你不需要用念的）。

不要有任何期待，要像孩子一樣，看看有什麼事會發生。要是你的經驗是眞的，你很快就會知道。記得耶穌說：「除非變成孩子，你無法進入神的國度。」

靜心準備

首先找個適合靜心的地方。布置一個簡單的祭壇，點根蠟燭、放盆花，最好是完全不受干擾的地方，因爲這不僅能讓你較容易進入靜心，也可保證你成功回來。如果你坐在地板上，找個靠墊來支撐脊椎；如果坐在椅子上，就把腳平放在地上、背脊保持挺直；如果你是站著，那你要找到身體的重心，身體可以隨意輕微晃動。

這個靜心最好是在全黑的地方進行，愈黑愈好。事實上，剛開始的時候，甚至連一根蠟燭都有可能造成干擾；如果你已經做過很多次，全黑的處所就沒那麼重要了，因爲一閉上眼睛，你就進去了。不過剛開始時，黑一點是好的。如果你有能完全遮住光線的黑眼罩就更好，因爲房間是不是全黑就沒關係了。

閉起你的眼睛，開始韻律呼吸，保持吸氣和呼氣差不多等長。輕輕呼吸，很舒服的。跟隨呼吸的節奏、放掉所有思想、擔憂，就這樣觀照著你的呼吸幾分鐘，直到你覺得已經完全放鬆，完全舒適。沒什麼好急的，你要去的地方，時間並不存在。

當每件事都感覺對的時候，把注意力從呼吸轉移到你的內在視野，開始做「天地合一呼吸」靜心——所有神聖慶式的必要啓始點。

天地合一呼吸

如果你想知道「天地合一呼吸」靜心的詳細步驟，可以再回去看第五章。

- 在內在視野中，你看到了自然界一個非常美麗的地方，然後盡可能想像這裡的所有細節，愈細愈好。如果你平常感知的方法不是透過眼睛，那就用你平常習慣的方法，我們每個人都有自己的方式。去感受你對這片美麗大自然和大地之母的愛，並讓這份愛在你心中不斷滋長擴大，直到充滿你的全身。
- 當你覺得時間對了，就把你的愛包裹在小圓球裡，用你的意念把它送入地球中心，讓你神聖的大地母親知道你有多愛她。然後等待，等待你的大地之母把她的愛送還給你。
- 當你感受到大地之母還給你的愛進入你的能量體，就讓它流到它想去的地方。讓它自由流動，同時去感知這份愛在你和大地之母之間不斷流動。你想留在這個狀態裡多久就多久。
- 當時間對的時候，保持你跟大地之母之間愛的流動，然後把注意力轉移到你的天父那兒去。在你的內在視野中，去看到或感知夜空、美麗的銀河、無限寬廣的太空，星星和月亮在那兒閃閃發光，也去感知正處在地球另一面的太陽的存在。
- 去感受你對於天父和其他受造物的愛。當你覺得時間對的時候，再把你的愛包裹在小圓球中，抛到天上。用你的意念，把你的愛送到天父那兒，送到環繞著地球的基督意識網絡中，送到太陽或大中樞太陽那裡去。讓聖父知道你的感覺……然後等待。等待聖父將愛回送到地球，並進入你的身體。當它發生時，讓這份愛在你的體內自由流動，以任何方式流到你身體的任何地方。不要去操控，只要去感覺就好。

- 這時神聖的三位一體就在地球上重現了。聖母、聖父和你（聖子）再次在純然的愛中合而爲一。這是一個神聖的時刻，所以，就安住在聖父、聖母的懷抱中，感受這份愛。
- 然後在這份純然的愛中，向神的臨在完全打開你的覺知，感覺祂正包圍著你、充滿著你。只要單純去覺察、去感受宇宙大能的合一，並跟隨生命的脈動呼吸。

選擇進入心的方法

進入心的神聖空間，你可以選擇兩種方法中的任一種：以男性的超環面能場、渦漩的方式，或者女性、直覺式的途徑。選擇權完全在你，兩種方法都可以。

- 用你的意念和意志力離開頭腦、進入喉嚨，去感受喉嚨周圍的感覺，然後往下朝心臟的方向移動。

如果你選擇的是男性的超環面路徑，那麼，把你自己往上移動，來到心臟的上方，一直到內在視野中，你可以看到或感知這個漩渦式的超環面能場。然後，就像在河中漂流的一片葉子，讓你的靈魂隨著這個漩渦向下流轉，不管哪個方向都可以。你會感覺自己呈螺旋狀圍繞著一個中心點向下旋轉、旋轉，一直到掉進中心點裡。你就讓自己往下掉，直到感覺到一種完全的定靜。現在，你已在心的神聖空間中了。

如果你選擇的是較爲直覺的女性方式，那麼去看到或感知你正向你的心臟逐漸靠近，然後直接穿過心臟的薄膜、進入心臟裡面；當你進入後，再讓直覺帶著你直接進入心的神聖空間。

- 你現在已經在心的神聖空間了。你要做的第一件事是，看看周圍。如果是一片漆黑（很可能會這樣），你就向你的內在世界說：「讓這裡亮起來。」然後去看或感知這個地方如何從一片漆黑變成充滿光的世界。
- 當你能看到或感知到心的神聖空間，開始去感受那裡的振動頻率和迴盪在空間中的聲音。靜聽這個音頻一會兒。當你覺得時間對的時候，也試著去哼出同樣的音。盡量哼出跟你內在所聽到的相同的音。試著去調校音頻，然後帶著這個音頻開始去探索你的神聖空間。

第一次探索心的神聖空間

現在探險開始了。有些人會立即憶起，他們曾經來過這裡幾百萬次了；另一些人會覺得這是他們第一次來。不管你的經驗是什麼，有些事你必須知道。

心的神聖空間比宇宙初始的創造還古老。在衆多銀河系被創造之前，這個空間就存在了。我們在這個被造的宇宙裡到處旅行的點點滴滴，也全都被記錄在這裡。所以可能一開始你就會記起這一切是什麼，生命是什麼。

這個空間裡記錄了你心中最深的渴望，也就是這一生你最希望表達和活出的是什麼。它們全都被記錄在這裡，使你能夠憶起，你最初來到這個地球的目的。你可以探究這些紀錄，或者讓直覺再次帶領你。最終一切都會向你揭露，因爲設定時間和流動的人，正是你自己。

第一次來到這裡時，你最好限制停留的時間不要超過三十分鐘。你可以用計時器，或者安排某個人在時間到的時候把你帶回來。這個神聖空間是極具誘惑力的，因此你需要比較多的經驗來學習一次應該待多久。剛開始的時候，時間要比較短，當你更有經驗後，時間可以慢慢拉長。

回到心的神聖空間

當你第二次進入心的神聖空間，可以試著去找裡面的更小空間，《奧義書》稱之爲「心中的微小空間」。我在本書開頭提到，心的神聖空間裡還有一個非常重要的微小空間。在你第二次進入時，我請你用直覺來尋找這個能改變一切的微小地方。第二次進來會比第一次容易，也快得多。如果你經常練習，你會發現只需要幾秒鐘就能進來。

- 閉起眼睛，透過感知愛的連結再次確認你對大地之母和天父的愛。
- 感覺你自己離開了頭部、進入喉嚨，再從喉嚨繼續往心移動，然後哼出你知道來自你的神聖空間的音頻。你哼出的振動頻率會把你快速帶進你的神聖空間——現在，你又在那兒了。當你熟悉這個路徑後，它會變得非常容易。
- 用你的意念，允許自己被指引到神聖空間裡的更小空間。每個人的微小空間可能都不同，但它們在特性上也有許多相似之處。
- 當你知道你已經找到這個創造之源時，往內移動，開始熟悉身在其中的感覺。

你會注意到，這裡的振動頻率會升高八度；你也會注意到，這個小地方跟心臟其他地方的感覺完全不同，這就是一切創造起始之處。可能你要花點時間才能找到，也可能立即就找到：所有生命的創造者就住在這裡；在這裡，一切都是可能的。

* * *

有學生告訴我，有一個方法很容易看見神。就是當你進入你的神聖空間時，邀請你世上最愛的那個人也進去，和你在一起。如果你最愛的人不只一個，就選擇其一。你看過《接觸未來》嗎？在女主角探索更高意識世界時，高靈幻化成她的父親來跟她接觸，因爲父親是她最愛的人，因此也是最容易讓她接受一切發生的方法。

所以你可以邀請你最愛的人，不管他或她仍在世或已經去到另一個世界，因爲在心的神聖空間裡，所有的心都是緊密相連的。當這個人出現在你的內在空間，你就不需要其他指引了。讓所有事情自然發生，因爲神完全知道該怎麼做。

每一天都回到心的神聖空間，持續探索。憶起眞實的你是誰和你來地球的目的，是你與生俱來的權利。你是上主神奇的孩子，你只是做了一場夢，來到一個不知在哪裡的小星球，成爲了人類。當你憶起你的眞實身分後會發生什麼呢？那只有你自己知道了。

現在你已經找到了回家的路。在這個心的神聖空間裡，所有世界，所有次元，所有宇宙，所有受造物，都找到了他們的出生地。透過你的心，宇宙所有生命的心都緊緊相連了。

第八章

梅爾卡巴和心的神聖空間

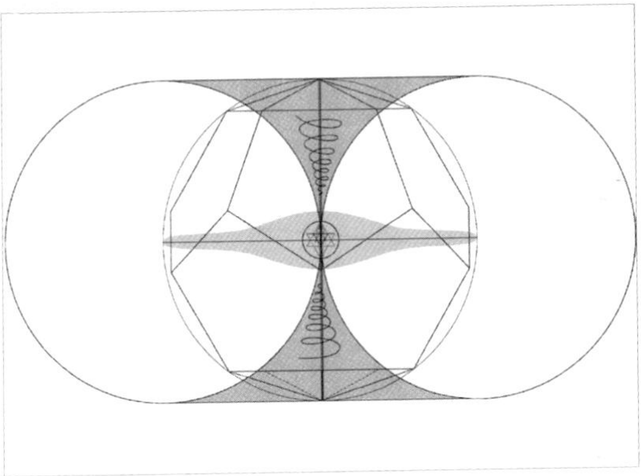

梅爾卡巴光體是連通心和頭腦的管道，使心能夠在頭腦中進行創造。梅爾卡巴能場會與心的神聖空間的能場軸心合而爲一，這個同步現象可能很快就會發生，也可能需要很多很多年。不論是以什麼樣的方式、在什麼時候發生，都會是完美的，而且一定是在神聖秩序中。

許多學員一直在等待人類光體梅爾卡巴進階層級的教導，我花了差不多十九年才整合這些訊息，因為每件事都是依照特定時間及神聖秩序發生的。

其實除了這個層級，還有進階層級的教導，或者說另一個部分，但它要在將來神所決定的時間才會揭露。目前，我也只有關於這第三個或者說最後一個教導的部分訊息。當人類的這三個部分都被喚醒和整合時，眞正的揚升就會開始。

很多讀過《生命之花的靈性法則》關於梅爾卡巴靜心、上過我的工作坊或只看過《生命之花》錄影帶的人，就決定也來教導這些訊息，這對地球來說是相當不幸的。這些人相信梅爾卡巴是完整的，而且只要改變其中某些部分，就能把一個人帶到「正確」的意識層面。這是不對的。不管你有多少知識，只依靠能量形式的梅爾卡巴都沒有辦法達到這個目的——不管它是從宇宙的哪裡或透過哪個人傳達的。

默基瑟德意識，是一個比這個宇宙創造本身更古老的意識，曾目睹我們這個空間、時間、次元宇宙的初始創造，而我們這個宇宙只是多重宇宙之一。從這個經驗中，默基瑟德傳統了解**透過梅爾卡巴三個部分的重生，一個人的靈魂可以在心的神聖空間中被有意識地帶回神的臨在中**——用一種新的方式開始重新創造，而這正是梅爾卡巴經驗最終要帶領我們前去的地方。

但是在這些發生之前，**靈魂必須同時憶起這三個部分、將其整合為一，並活出這個經驗**。你將會在這一章和下一章中，學習到其中的第二個部分：整合心的神聖空間和人類的梅爾卡巴能場。

要是你從來沒學過梅爾卡巴靜心，只憶起心的神聖空間，也是可以的。但最終有一件事會變得很清楚，就是人類光體是你的人類經驗的必要部分，即使是在心的神聖空間中。它是連通心和頭腦的管道，使心能夠在頭腦中進行創造。

梅爾卡巴的幾何模型非常多，至今在世界各地已經發現了至少十萬個。從宇宙創造的初始起，人類就利用梅爾卡巴模型來了解存在和其不同的意識層面，並與之相連。人類目前只知道如何運作其中第一種和第二種跟星狀四面體有關的圖形。雖然某些人不斷宣稱還有很多其他模型，但目前都還不適合人類的意識。事實上它們只會帶來害處，而非好處。

時機成熟時，一切就會被揭示出來，沒有任何事會有所保留。但是，每件事都有對的時間。你不會讓三歲小孩來開大卡車吧？

結合心的神聖空間和梅爾卡巴

首先，我想跟大家分享我個人心的神聖空間和梅爾卡巴結合時的經驗，因為這個故事本身就可以解釋很多事情。但是請相信我，當你的時間到了，你的經驗會和我的截然不同。

我個人的經驗看起來似乎是意外，但當然不是。那時我正在梅爾卡巴靜心中靜坐呼吸，並進入心的神聖空間的洞穴中、走向圓形小台子，而且像過去無數次一樣，在不斷湧出泡沫和水的台子上坐下、面向石牆；心中沒有特別在想或感受任何事，只是單純地覺察呼吸、感受呼吸。我雙目微張，看著前方的石牆，發現石牆慢慢變透明，正如我以前看過的許許多多次一樣——只是這次有點不同，我看見石牆的縫隙中間開始透出閃亮的白光。這白光愈來愈亮、愈來愈亮，一直到整個洞穴都不見了，而我整個人像浸泡在白色的光浴中，看不到任何東西，好像失明了一樣。

這相當不尋常，對我來說這樣的景象還是第一次。不過我並不感到害怕，反而挺起背脊、保持警覺。然後我記得，有股能量從我的身體中慢慢升上來，和我在第一次體

驗亢達里尼時、拙火能量沿著脊椎往上升的感覺很類似。這些感覺似乎全是自發的，不管是什麼，它就這麼發生了，而且能量非常強大。

當周圍的白光逐漸退去，我看見自己慢慢升起，或者說，漂浮起來，穿過堅硬的石牆與行星表面，一直來到太空當中。我一分鐘後才突然領悟，我是在我的梅爾卡巴能場裡，正朝向太空快速飛去。

我直覺知道這是心內的神聖空間和梅爾卡巴合而爲一了，但沒有時間多做思考。

我快速回頭看了一眼，那個我已經非常熟悉的行星區域正離我遠去。我轉過身，看入布滿群星的廣大太空，看到一個幾乎同等大小的行星在我的下方。我非常驚訝，同時又興奮莫名。是什麼讓這一切發生的？我不知道。這一切代表著什麼？我也不知道。我只能毫無選擇看著在我眼前發生的一切。

我乘坐揚升載具，在離行星表面約兩公里的太空中快速飛行著。在我下方是一個蠻荒世界，布滿了叢林、森林、各種植物樹木和一片廣大的海洋，但是我沒有看到或感知到任何生命體。當我想更靠近一點的時候，揚升的載具就開始下降，正如我希望的那樣。

這一切為何發生？到底發生了什麼？我腦中充滿無數疑問。不知道為什麼，我知道這一切都非常重要，當它發生，我什麼都不能要做，只能單純去經驗它，看著各種景象在我眼前展開。

接著我感受到神的臨在，祂正環繞、充滿著我、存在於給我這個經驗的引導原則中，不管那是什麼。一種了悟開始充滿我，我覺得問題一個接一個找到了答案。我繼續在這星球上方翺翔，感覺像是在一個我從未見過的全新宇宙中重生。我興奮極了。

大概一個多小時後，我覺得好像突然從一場夢中醒來，夢中的影像和感覺仍然縈繞著我、徘徊不去。好幾天，我無法想任何事情。

天使的解釋

這次經驗後不久，兩位天使來到我身邊。祂們看起來也非常高興，光芒似乎比過去更亮。祂們告訴我說，我終於到達了第二個層次。當時，我其實並不了解祂們在說什麼，不過有時我也會有點遲鈍。

兩位天使向我解釋了剛才發生的事。祂們說，當時我的梅爾卡巴能場和心的神聖空間超環面能場的軸線對準、並合爲一直線了。也就是說，我的梅爾卡巴和心的這兩個超環面能場同步了。現在這兩個能場的軸線之間大概只距離八公分，不過這八公分也可能像八百公里那樣寬，因爲這樣才能保證這個經驗不會意外發生。在對的時間到來前，它可以保持心和頭腦的分離。

兩位天使同時告訴我，這個經驗每個人都可能完全不同，但至少了解其中的一種可能性是很好的。不過要有耐心，有些人的同步很快就會發生，對另一些人來說，也可能需要很多很多年。不論是以什麼樣的方式、在什麼時候發生，都會是完美的，而且一定是在神聖秩序中。

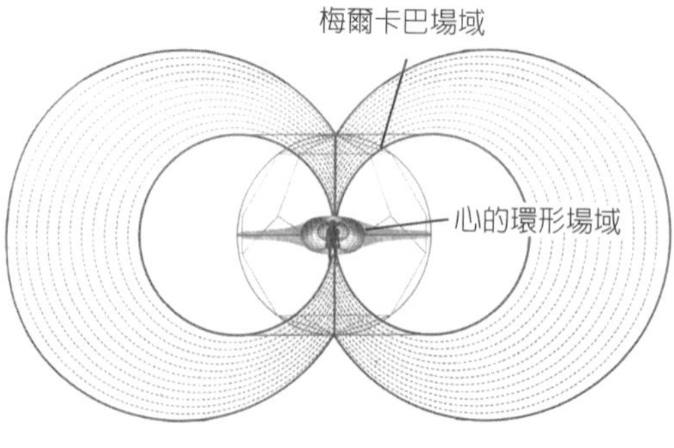

梅爾卡巴與心的神聖空間環形場域合而為一

最後，天使們告訴我，一個人準備好時，以下的方式的確有幫助，也就是可以同時用頭腦的想像和心的渴望來看到與感受這兩個軸線逐漸向彼此趨近，最後合而爲一。但是不要預設任何期待，發生的時點是由神來決定的，你無法做任何事去讓它發生，它只有在「對」的時候才會發生。

第九章

從心連結到頭腦，有意識的共同創造

環繞著梅爾卡巴能場，在心的聖域中創造，從心生活。它是協助你明瞭你眞實身分的下一步，也是圓滿你存在神聖使命的起點。此刻，你明確知道你正在朝天堂揚升的過程中……

有意識的共同創造，開始於知道如何讓自己進入梅爾卡巴與心的神聖空間融合為一的靜心中，同時你的靈魂在此刻是駐留在神聖空間裡的微小空間中。在這個意識狀態中，一個人可以直接創造並顯化於外在世界。不過要知道，在這個意識狀態中創造仍然是有限的，因為還有一個第三層次尚未被觸及。不過它仍然是開始學習的完美起點。

我想特別讓你知道，在這個心的神聖空間的微小空間中進行有意識的共同創造是有可能的。從這個古老之處，你能夠重新創造世界，使之成為充滿愛而平衡、所有問題都被療癒了的世界。

即使你還不知道梅爾卡巴，這個可能性依然存在，只是如果能結合梅爾卡巴和心的神聖空間，會提供更多的可能。不過要了解，在我們能夠完整掌握所有三個層次之前，人類的潛能和有意識的共同創造，還無法完全實踐——但我們總得從某處開始。

圖特如是說

圖特和其他幾位揚升大師（包括他的女性伴侶雪賽特）之前剛從他們的空間、時間、次元回來，那是在「水渾沌」之外，或者說是在宇宙八度音程之間的空無中，這也是未來人類進化將要前往之地。

圖特的名字「璩桂泰」在遠古時其實是一個頭銜，意思是「智慧的尋找者」。當圖特從宇宙的下一個次元回來時，個性已經完全改變了，他那對宇宙眞理從不停歇的探索動機，已經被一種超越找尋的了然所取代，他的內在變得非常安定。

他出現在我面前，看著我說：「德隆瓦洛，從初始以來，我們這個地球就一直在尋找人類經驗和創造之間的關係。我們（指揚升大師們）一直在試著了解人類思想、行為和奇蹟之間是如何相連的。有陣子我們認為我們已了解透徹，但現在我們知道還有更多需要探索。

「一切都很清楚——當一個人從他的頭腦中用心智來創造，他是在使用一種帶有二元極性的工具：頭腦。所以即使他的動機是要創造良善，不管以什麼方式，他的頭腦總是會同時創造出良善與邪惡，因為這就是頭腦的本質。

「我建議你們嘗試只從心的神聖空間中創造，因為心的本質是一元性的，所以只會根據原來懷抱的意圖如實創造，而不會同時創造出黑暗的反面。」

對我來說，這眞是了不起的天啓！我站在那裡，看著圖特，立刻知道他說的是眞理。我非常興奮（通常我聽到重要訊息，都會變得非常興奮），想即刻試試看。

從心創造

從人類知道神的存在開始，就不斷向神祈求改變我們的外在環境，但神好像並不總是應允，爲什麼？你是否問過自己這個問題：爲什麼神常不應允我們的祈求？祂在《聖經》中不是說「尋找，你必尋見」嗎？但在現實中似乎並非如此。在接下來的內容中，你可能會找到答案。

讓我們先來談一下受造物和創造的過程。我們在學校或家裡都經常被教導物質的有限性和物理定律的隨機性。如果你相信這是眞的，你就會受限於它，而它將成爲你的現實。

但在遠古以前，人們並不是這樣想的。他們比較相信精神面，相信通過內在的意圖，人的心靈可以改變外在的物質世界。

布萊登在《解讀末世預言》中，記錄了考古學家一九四七年在《死海卷軸》出土處的附近，發現了一份古老文件，叫做《以賽亞卷軸》，上頭描述當時人類是如何具有改變和預知未來的能力，並且可以從內在改變外在的世界。

今天，我們的高科技文化會認爲這些是天方夜譚，但果眞是如此嗎？如果我們不能改變現在或未來，那麼耶穌說的話就都是錯的了。耶穌不是行過許多奇蹟，譬如說將水的分子結構改變成酒，甚至讓死人復活嗎？現代科學相信這些故事都只是故事，因爲目前大部分科學都不能證明或支持這些論點。

耶穌說：「我告訴你們，那些相信我的人，我能做的，他也能做，而且能行比我更大的神蹟。」在世界各地逐漸出現的超靈力孩童，又該如何解釋？他們很多都能行耶穌所行的事，而科學家也在許多著名、廣爲流傳的期刊中登載了這些事蹟，譬如《自然期刊》《Omni雜誌》等。

科學家並不了解這些孩子如何創造出這些奇特的靈通現象，但是他們忠實記錄了下來，這些都是事實。那麼心的神聖空間和這些又有什麼關係呢？在我解釋之前，讓我們一起來看看，頭腦是如何創造奇蹟，再來比較一下心的神聖空間又是如何進行創造的。

從頭腦創造

很多時候，當你向神祈求你需要的東西，但什麼也沒發生。《解讀末世預言》把這個問題解釋得很清楚。古老的《以賽亞卷軸》說，任何奇蹟都要從**專注力**（或說心智的集中）開始：你要把心智的焦點放在你想要看到的結果上。

舉例來說，如果你想要從可怕的疾病中痊癒，就要把注意力集中在你身上需要特別療癒的部位，當然這樣做還不夠，但這是療癒很重要的起始步驟。

在注意力之外，你還需要加入你的**意圖**。繼續前面的例子，當你把注意力集中在那個特別需要療癒的部位，你還要帶著讓這個疾病消失的強烈意圖。

然而這樣還是不夠。必須再加入其他三樣東西，否則什麼也不會發生——那就是**心智體、情緒體和身體**。

心智體（或說我們的頭腦）必須要看到身體的那個部位已經被療癒了。它必須要把身體那個部位已經完全健康、沒有任何問題的意象維持住，**而且必須依自己能接受的程度，確信這個療癒現在已經發生、或者在將來的某個時點一定會發生**。你是否能眞正接受立即的療癒，還是你的信念系統需要更多的時間？這個信念是非常重要的，但是，它仍然不夠。

因爲我們的情緒體也必須加入。你必須去感覺那個完全健康、不再有任何疾病的感覺是什麼。**你必須真實去感覺到那個情緒，而不是用頭腦去想你正在感覺的情緒**。這個部分對某些人來說可能會有點困難，不過如果沒有情緒體的介入，也絕對不會有任何療癒發生。

但是，這樣做仍然不夠。你可以不斷禱告，你的注意力可以完全專注在疾病上，你

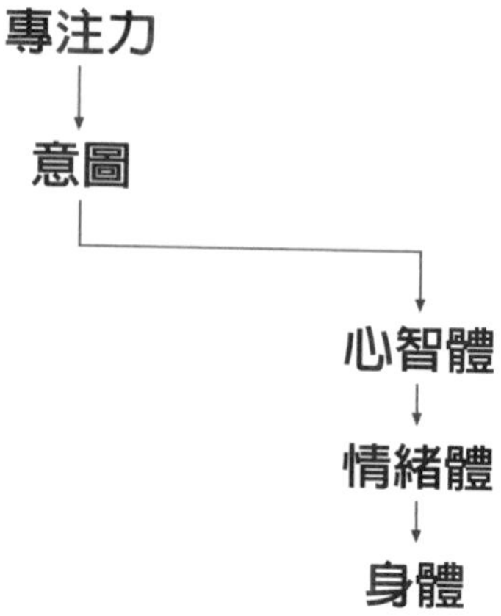

也試圖讓這個疾病完全康復，你的頭腦也相信你的身體已經被療癒或將被療癒，你的情緒體也感覺到了身體完全康復的那種快樂，但若最後第三樣東西沒有加入，還是什麼都不會發生。

多少人曾經有過這個經驗：當你祈求一件事，上面我提到的所有方法都用過了，知道它會發生，痛哭好幾個小時、祈求它發生，但是仍然什麼也沒發生。那正是因爲這最後一個元素沒有被帶進方程式中。這是一個幾乎所有人都忘記、或者說都沒發現的部分。

最後這一樣東西，這個被遺忘的面向，就是我們的身體。在我們的例子中，你還必須眞實感受到那個部位已經完全正常並且被療癒了。我並不是指某種心理模式，或是一種在身體上搜尋的覺知，而是在身體上產生眞正的覺受，你感覺到身體的回應。**你不再感覺到疼痛，反而在身體需要被療癒的焦點部位感受到無窮的生命力**。你感受到身體的健康和美麗。當這最後一步身體的回應開始後，奇蹟必然隨之到來。

但是，還不止於此，《解讀末世預言》還有一個重點沒有提到。圖特說，當我們從頭腦創造，我們會同時創造出意圖對立兩極的結果。例如我們祈求和平時，會同時得到和平與戰爭。這其實正是世界目前的情況。幾百萬人，如果不是幾十億人，都在祈求並希望世界和平，但我們看到的是：世界上有些地區和平，有些地區在戰亂中，全部都混在一起了。所以讓我們一起更深入探究下去。

邏輯並非必要

頭腦是運用思想來創造的，而思想總是依照著邏輯，一個尾隨另一個而至。所以不管我們在頭腦創造的是什麼，你都可以找到一個邏輯性的途徑，看出現實是如何從一個狀態轉換到另一個狀態。即使是在我們稱之爲奇蹟的事件中，如果你去細究，它仍然有一個邏輯性的順序。但是，正如我前面所說的，它總是會產生原始意圖二元對立的兩極結果。

心卻完全不同。心是透過夢和意象來創造的，這些夢和意象再透過人的感覺和情緒顯化。這種形式的創造並不使用邏輯，所以不必邏輯性地從一個狀態演化到下一個。

舉例來說，如果你用心來祈雨，雨很可能頃刻就會落下，即使片刻之前天上並沒有一片雲。它就好像夢一樣，你會發現你本來置身義大利的某個景點，幾秒鐘後你又出現在加拿大的另一個景點中；你如何能在幾秒鐘之內從義大利到加拿大？當然，我們會接受這一切發生在夢中，卻認爲這些在我們的三次元世界裡是不可能的。也許事實不是這樣呢？

構築一個新世界的夢想——有意識的共同創造

所以，有意識共同創造的最後一塊拼圖，就在於經驗的實現——也就是不管一件事在眼前是以什麼樣的方式呈現，在心的神聖空間中一定會有一個連結直接通往那個布滿星星和行星的三次元實相。有時這個連結不是立刻就出現，但只要持續不斷進入你的心，你終會找到。

這是非常重要的關鍵，因爲正是這個回到衆星和行星圍繞世界的連結，讓我們心中的夢想能夠顯化於外。所以在你開始從心的神聖空間中顯化之前，你要先找到這個能帶你回到布滿星星和行星世界的**連結**，你就會了解這個眞相。

所以現在，我請你進入心的神聖空間，將你的心和你的梅爾卡巴能場合而爲一，開始構築一個嶄新、健康的世界夢想。

運用所有你所學習到的，和你的神一起有意識地共同創造，創造一個新的身體、一個新的生命、一個新的世界。這個能力是你與生俱來的權利與傳承，因爲你是神的兒子或女兒。在你和神的親密關係中，一切都可能。

這些教導是一條通往體悟的道路，使你了解你的身體是光，你所存在的世界也是光，而兩者是直接和你的意識相連的。從心生活，周圍環繞著梅爾卡巴能場。在這個神聖的地方生活並從中創造。它是你最終明白你眞實身分的下一步，也是圓滿你存在神聖使命的開始。此刻，你明確知道你正朝向天堂揚升的過程中……最後，我要以我們的一位老朋友的話來作結：

＊　＊　＊

「你可能會説我是個夢想者，但是我並不是唯一的一個。也許有一天，你會加入我們，那時世界就會合而為一。」

——約翰．藍儂

當我們創造世界

一的存在太寂寞，
於是我創造了二，
因而有了你。
帶著純眞眼眸的你如此美麗，
我在遠方，
卻感覺與你如此靠近，
我以你完全無法想像的方式愛著你。
你不知我透過每個與你相遇的眼神望著你，
你聽不見我在風中的聲音。
你以爲大地只是塵土和岩石，
你不知那就是我的身體。
當你熟睡，我們在你心中相遇，

靈魂相擁，合而爲一。
熱切的愛能創造新的世界，
但當你醒來，已遺忘了一切，
以爲那只是一場夢，
以爲那只是另一個孤獨的日子。
但我永遠在你心中等著你，
我永遠等著你。
因爲我們的愛與合一是永恆的眞理，
我們的愛是一切萬有的基質。
請記住，我最甜蜜的，
我會一直在你心中，
在那小小的地方，
等你。

德隆瓦洛

The Eurasian Publishing Group
圓神出版事業機構
用心與你對話・網野無限寬廣

方智出版社
Fine Press

http://www.booklife.com.tw
reader@mail.eurasian.com.tw

新時代系列 160

從心覺醒：開啓心的聖域，邁向揚升

作　　者／德隆瓦洛・默基瑟德（Drunvalo Melchizedek）
譯　　者／林知美
發 行 人／簡志忠
出 版 者／方智出版社股份有限公司
地　　址／台北市南京東路四段50號6樓之1
電　　話／（02）2579-6600・2579-8800・2570-3939
傳　　真／（02）2579-0338・2577-3220・2570-3636
郵撥帳號／13633081　方智出版社股份有限公司
總 編 輯／陳秋月
資深主編／賴良珠
責任編輯／溫芳蘭
美術編輯／王　琪
行銷企畫／吳幸芳・陳姵蒨
印務統籌／林永潔
監　　印／高榮祥
校　　對／賴良珠
排　　版／杜易蓉
經 銷 商／叩應股份有限公司
法律顧問／圓神出版事業機構法律顧問　蕭雄淋律師
印　　刷／祥峰印刷廠

2012年12月　初版

2022年9月　11刷

定價 270元　　ISBN 978-986-175-291-4

Printed in Taiwan

你本來就應該得到生命所必須給你的一切美好！
祕密，就是過去、現在和未來的一切解答。

——《The Secret 祕密》

國家圖書館出版品預行編目資料

從心覺醒：開啓心的聖域，邁向揚升／
德隆瓦洛．默基瑟德（Drunvalo Melchizedek）著；
林知美 譯. -- 初版 -- 臺北市：方智，2012.12
192面；14.8×20.8公分 --（新時代系列；160）
譯自：Living in the heart : how to enter into the sacred space within the heart
ISBN： 978-986-175-291-4（平裝）

1. 超心理學　2. 靈修

175.9　　101021415